DUISBURG

STADT AN RHEIN UND RUHR

Duisburg - City on Rhine and Ruhr
Duisbourg - Ville au croisement du Rhin et de la Ruhr

Mit Fotografien von Friedhelm Krischer
und Texten von Hermann Kewitz

MVS

Medien-Verlag Schubert

ISBN 978-3-937843-44-5

Satz und Layout: Medien-Verlag Schubert / Thomas Börnchen
Printed in Germany

Inhaltsverzeichnis

GANZ SCHÖN SPANNEND...

Wegweiser in den Himmel? Nein, der Turm des neuen Landesarchivs am Innenhafen. In der Mitte die Schwanentorbücke, die den Innenhafen vom Außenhafen trennt.

Der Duisburger hat es schwer, wenn er sich als Reiseführer versucht. Manchmal kommt er sich vor wie im falschen Film. Oder besser gesagt in einer Komödie, bei der die Leute immer an den unpassenden Stellen lachen. So geht es dem Kundigen hier, wenn er einen Zugereisten mit Kamera durch die Stadt führt. Die Leute knipsen einfach immer genau im falschen Moment. Du führst sie ins Grüne und erhältst ein freundliches: „Oh, hier ist es aber schön.“ Dann vielleicht noch: „Dass es hier so grün ist, hätte ich nicht gedacht.“ Und die Kamera? Sie hängt tatenlos um den Hals.

Dann aber fährt der einheimische Stadtführer in den Norden. Der Mensch, der hier den Pinsel führte, um die Skyline zu malen, hatte offenbar einen großen Topf grau im Regal. Jedenfalls ragen Schlote auf, machen sich Hochöfen breit und durchmessen Schienenstränge die Landschaft am Boden, Oberleitungen quer zum Himmel. Was passiert? Der Besucher schießt ein Bild nach dem anderen. Spricht von „atemberaubend“ und „sensationell“.

Filmemacher und Fotografen aus der ganzen Welt reisen an, um solche Aufnahmen zu machen. Angehende Dokumentarfilmer versuchen sich an dieser Szenerie. Künstler finden hier ihr Sujet. Schon seit über 100 Jahren. Der Komponist Maurice Ravel beschrieb das Panorama bereits 1905 mit wahrhaft glühenden Worten: „Wie soll ich Ihnen den Eindruck dieser Schlösser aus flüssigem Metall, dieser glühenden Kathedralen, der wunderbaren Symphonie von Pfiffen, von furchtbaren Hammerschlägen schildern, der uns umhüllt. Überall ein roter, brennender Himmel.“

A sign pointing to the heavens? No, the tower of the new state archive in the inner harbour. In the middle of the photograph is Schwanentorbrücke (swan gate bridge), which separates the inner from the outer harbour.

Un panneau pointant vers le ciel ? Non. Près du port intérieur, la tour hébergeant le nouveau centre d'archives du Land. Au centre, le pont Schwanentorbücke reliant le port intérieur au port extérieur.

Großstadt mit ländlichem Flair. Hinter dem Rheindeich in Rheinhausen zeigt sich Duisburg in entspannendem Grün.

A city with rural flair. Behind the Rhine dyke in Rheinhausen, Duisburg presents itself in relaxed green.

Un air de campagne dans la ville. À Rheinhausen, derrière la digue protégeant du Rhin, Duisbourg se pare de vert.

Der schwarze und der rote Riese: Zwei Hochöfen des Hüttenwerks ThyssenKrupp Steel Europe AG prägen das Panorama im Norden der Stadt.

The black giant and the red one: Two blast furnaces of the ThyssenKrupp Steel Europe AG smelting works characterize the panorama in the north of the city.

Le géant noir et le géant rouge : deux hauts fourneaux du groupe de métallurgie ThyssenKrupp Steel Europe AG façonnent le paysage au Nord de la ville.

Inzwischen ist die Symphonie durch Schallschutzmaßnahmen gedämmt. Den roten, brennenden Himmel gibt es aber noch immer. Der in Duisburg aufgewachsene Fotograf Peter Lindbergh verbindet ein anderes typisches Farbspiel; das Grau und das Grün: „Die Rheinwiesen und die Industriekulisse meiner Heimatstadt haben meine Arbeit als Fotograf stark geprägt.“ Der amerikanische Avantgarde-Filmer James Benning hat einmal seine Kamera in Duisburg aufgebaut, nur um sie minutenlangen dabei zusehen zu lassen, wie Stahl in einem Ofen zum Glühen gebracht wird. Das ist Kunst, das prägt sich ein – nein brennt sich ein.

Der Duisburger hätte ihn vielleicht lieber die Schafe in der Walsumer Rheinaue aufnehmen lassen oder die Fontäne im Volkspark Rheinhausen. Vielleicht auch das Watscheln der Gänse

Das leuchtende Farbspiel einer Industrie-Stadt: Die Hüttenwerke in Hüttenheim KruppMannesmann, eines von drei Stahlwerken in Duisburg, takten ihre Symphonie in Orange.

The shining play of lights in an industrial city: The smelting works in Hüttenheim KruppMannesmann, one of three steelworks in Duisburg, measures its symphony's beat in orange.

Le jeu de couleurs lumineux d'une ville industrielle : les hauts fourneaux de Hüttenheim KruppMannesman, l'une des trois aciéries de Duisbourg aux couleurs orangées.

auf einem Feld in Mündelheim. Was schön ist, bleibt Ansichtssache. Duisburg hat von diesen Ansichtssachen reichlich zur Auswahl. Was genau an der Stadt ansehenswert ist, darüber gehen eben die Meinungen zwischen Fremden und Einheimischen auseinander. Der Gast liebt den matten Stahl, die Industrie und den Hafen. Denn Schafe gibt es bekanntlich auch in der Eifel, in der Schweiz und noch viel mehr in Neuseeland. Wer also Wollvieh gucken will, kommt ohnehin nicht an Rhein und Ruhr. Andere Kaliber sind gefragt, von dem schönen Wort „Industriekultur" werbefachlich ummantelt.

Nicht umsonst ist die Sehenswürdigkeit Nummer eins in Duisburg, ausgewählt aus einer Liste von immerhin 37 ansehenswerten Stücken, der Landschaftspark Nord. Ein ehemaliges Hüttenwerk, das seit 1994 mehr ist als ein Industriedenkmal. „Naturbelassen" zeigt es die Besonderheit der Industrie-Architektur und ist zugleich ein Kunstort geworden. Doch davon später mehr.

Der faszinierende Kontrast von Grün und Grau: Die Idylle in den Rheinauen bei Walsum vor dem Panorama der 250 Meter hohen Türme des Stahlwerks im benachbarten Bruckhausen.

The fascinating contrast of green and grey: The idyllic Rhine wetlands at Walsum in front of the panorama of the 250-metre-high steelworks tower in neighbouring Bruckhausen.

Le contraste saisissant entre vert et gris : les prés qui bordent le Rhin à Walsun sont un îlot de verdure et de tranquillité derrière lequel se dressent les tours de 250 mètres de haut de l'aciérie de Bruckhausen.

Der 200 Meter hohe Turm der Stadtwerke ist eines der Wahrzeichen einer ungewöhnlichen Stadt. Wo sonst verbinden die Menschen das Wort Heimat mit einem Schornstein?

This 200-metre-high tower of the public utility company is one of the landmarks in this unusual city. Where else do people connect the word "home" with a chimney?

Haute de 200 mètres, la tour des services municipaux est l'un des emblèmes d'une ville peu ordinaire, où les gens associent patrie et cheminée comme nulle part.

Der Landschaftspark Duisburg-Nord – ein ehemaliges Hüttenwerk, das zum Freizeitort wurde, beeindruckt Besucher aus der ganzen Welt mit der erstaunlichen Wucht der Industriekultur.

The landscape park Duisburg-North – a former smelting plant that became a leisure location. Visitors from all around the world with the impressive power of industrial culture.

Le parc Landschaftspark Duisburg-Nord, un haut fourneau désaffecté transformé en aire de loisirs, impressionne les visiteurs du monde entier.

Die Duisburger sagen "Duisburg ist schön" - und es sind nicht gerade wenig, die das behaupten. So ca. 492.000 Menschen wohnen in der Stadt am Zusammenfluss von Rhein und Ruhr. Also wenn die Duisburger so etwas sagen, dann berichten sie davon, dass fast die Hälfte des Stadtgebiets Wasser- und Grünflächen sind. Seit die Industrie wegzieht, werden es mehr. Sie erzählen vom Stadtwald auf der Grenze zu Mülheim, von der Sechs-Seen-Platte in Buchholz, dem Sportpark in Wedau und von ländlichen Stadtteilen wie Baerl im Norden, Mündelheim oder Serm im Süden. Von ihrem feinen Theater schwärmen sie, vom Zoo am Kaiserberg, vom Innenhafen mit seinen Restaurants und Biergärten direkt am Wasser. Von der Goldenen Leiter, die aus einem Einkaufszentrum herausragt, und von manchem mehr.

Den Besucher zieht es an die raueren Orte, mit ihrem herben Charme. Er lässt sich einfangen von einer der Funktion untergeordneten Ästhetik.

Immerhin, so ziemlich jeder kann der Stadt schöne Seiten abgewinnen. Nur sind es stets ganz unterschiedliche. Das Grüne und das Graue, das alte Duisburg und das neue. Der Binnenhafen oder der Innenhafen. Das Malerische oder das Pittoreske. Rustikales Ruhrgebiet und brettflacher Niederrhein. Irgendwas ist immer.

Stellen wir erst einmal fest: Zechen gibt es hier nicht mehr. 2008 schloss die letzte im nördlichen Stadtbezirk in Walsum. Stellen wir auch fest: Duisburg bleibt eine Industriestadt, die größte Eisen- und Stahlschmiede in Europa. Und Duisburg ist Hafenstadt mit dem größten Binnenhafen auf dem Kontinent. Es fällt schwer einen Ort in der Stadt zu finden, der nicht mindestens ahnen lässt, dass Arbeit hier den Charakter schmiedet. Von „Maloche" spricht der Reviermensch , wenn er diese harte Arbeit meint. Und eine zupackende Art, die ohne viele „Gedriss" (Slang für unnötiges Sprechen) auskommt, wird hier nach wie vor hochgeschätzt.

Der Rhein ohne Romantik: Die meist befahrene Wasserstraße Europas durchschneidet das Industrierevier.

The Rhine without romance: Europe's busiest waterway cuts through the industrial district.

Le Rhin sans son côté romantique : le cours d'eau le plus emprunté d'Europe traverse les sites industriels.

Sechs Seen im Süden mit fast 160 Hektar Wasserfläche umrahmt von Wald bilden ein ideales Revier nicht nur für Segler.

Six lakes in the south with nearly 160 hectares water surface framed by forest form an ideal region not only for sailors.

Au Sud, six lacs d'une superficie d'environ 160 hectares et entourés de forêt ne font pas que le bonheur des plaisanciers.

Worauf sich zudem jeder leicht verständigen kann: Duisburg ist spannend. Bei dem Begriff „spannend" denkt der Fernsehende jedoch zunächst an Horst Schimanski, den legendären Tatort-Kommissar aus Duisburg. Ab 1981 ermittelte er im Hafenstadtteil Ruhrort. Inzwischen nimmt sich die

Die Stahlkraft der Kunst und die Strahlkraft der Natur zeigt sich im Sportpark Duisburg in Wedau mit seiner Seenlandschaft.

The steely power of art and the shining power of nature are both shown in Sportpark Duisburg in Wedau with its lake landscape.

Au Sportpark Duisburg à Wedau avec son paysage de lacs, l'acier est source d'inspiration dans un jeu de perspectives avec la nature.

Eine Stadt am Strom spielt auch in ihrem Zentrum mit Wasser. Im Hintergrund der Szene auf dem König-Heinrich-Platz in der City ist das Theater Duisburg aus dem Jahr 1912 zu sehen.

A city on a river also plays with water in its centre. In the background of this scene on King Henry Square in the city centre is the Theater Duisburg from the year 1912.

Une ville au bord d'un fleuve joue aussi avec l'eau. À l'arrière-plan sur la place König-Heinrich, le théâtre de Duisbourg construit en 1912.

Aus Industriekultur wird Lebensart: Ein alter Kornspeicher verwandelte sich in einen Erlebnisraum mit Biergarten direkt am Ufer des Innenhafens.

Industrial culture turns into art of living: An old grain store transformed into an experience space with a beer garden, directly on the edge of the inner harbour.

Quand la culture industrielle rime avec art de vivre : dans le port intérieur au bord de l'eau, un vieux grenier à blé transformé en bar à bière (Biergarten).

Die 65 Meter hohe Goldene Leiter „wächst" aus dem Einkaufszentrum „Forum" heraus. 80 Shops auf 57.000 Quadratmeter locken in die City.

The 65-metre-high golden ladder "grows" out of the "Forum" shopping centre. 80 shops on 57,000 square metres tempt people into the city centre.

Haute de 65 mètres, l'échelle dorée se dresse au-dessus du centre commercial « Forum » et ses 80 commerces répartis sur 57 000 mètres carrés.

Ein Blick zum anderen Ufer: Vom malerischen Niederrhein, der auf der linken Rheinseite beginnt, zum Strom, der wichtigsten Wasserstraße in Europa, auf die Skyline in Hochfeld, die von der Industrie geprägt wurde. Viele der Firmen, deren Schlote sich in den Himmel recken, produzieren inzwischen nicht mehr. Bildprägend ist ihr Profil nach wie vor.

A view of the opposite bank: From the picturesque Lower Rhine, which begins on the left side of the Rhine, to the stream, the most important waterway in Europe, to the skyline in Hochfeld, which was marked by industry. Many of the companies whose smokestacks reach up into the sky no longer produce anything. Their profile still characterises the scenery.

Vue sur l'une des rives : le cadre bucolique de la région du Rhin inférieur qui commence sur la rive gauche du fleuve, la plus importante voie fluviale d'Europe, et la skyline de Hochfeld, marquée par l'ère industrielle. Nombreuses sont les entreprises qui ont cessé leur activité mais dont les cheminées se dressent encore aujourd'hui haut dans le ciel.

Und der Blick zurück: Von der rechten auf die linke, grüne Rheinseite. Im Hintergrund zwei der sieben Duisburger Brücken über den Strom.

And the view back: From the right to the left, green side of the Rhine. In the background, the seven Duisburg bridges across the river.

Vue sur l'autre rive : le côté gauche du Rhin, le côté vert. À l'arrière-plan, deux des sept ponts de Duisbourg.

Nach wie vor prägt die Schwerindustrie die Stadt. Mehr als 16.000 Menschen finden in den Stahlwerken Arbeit. Hinzu kommen Händler und Logistiker am größten Stahlstandort in Europa.

Heavy industry continues to distinguish this city. More than 16,000 people find work in the steelworks. Added to that are trade and logistics in the largest steel location in Europe.

Aujourd'hui encore, l'industrie lourde façonne la ville et reste le plus important site métallurgique en Europe. Le secteur emploie plus de 16 000 personnes, sans compter les nombreux négociants et logisticiens qui s'y pressent.

4.400 Hektar in Duisburg sind für die Landwirtschaft reserviert. In Bergheim auf der linken Rheinseite, aber auch im Süden in Serm und Mündelheim spannen die Bauern die Trecker an.

4,400 hectares in Duisburg are reserved for agriculture. In Bergheim on the left bank of the Rhine, but also in the south in Serm and Mündelheim, the farmers hook up their tractors.

4 400 hectares de terrain sont réservés à Duisbourg à l'exploitation agricole. À Bergheim, sur le côté gauche du Rhin, mais aussi dans le Sud à Serm ou encore à Mündelheim, les paysans sortent les tracteurs.

Duisport, der größte Binnenhafen Europas, im Hafenstadtteil Ruhrort. Die Terminals mit ihren Verladebrücken bewegen über drei Million Container pro Jahr.

Duisport, Europe's biggest inner harbour, in the harbour district Ruhrort. The terminals with their bridge cranes move over three million containers per year.

Duisport, le plus grand port intérieur d'Europe dans le quartier portuaire Ruhrort. Plus trois million de conteneurs y sont chargés par an.

Stadt das Recht heraus, eine Gasse nach „Schimmi" zu benennen. Ganz in der Nähe serviert der „Hübi" für die Gäste. Natürlich am Tatort Ruhrort.

Ein verdienter, wenn auch fiktiver Bürger dieser Stadt ist der Kriminalist durchaus. Sein Werbewert für Duisburg lässt sich kaum überschätzen. Es gibt sogar eine eigene Schimanski-Führung, die zu seinen wichtigsten Drehorten führt. Aus ganz Deutschland kommen die Krimifans, um von dem Mann zu hören, der das Wort „Sch..." fernsehtauglich machte. Bei seinem letzten Auftritt als offizieller Kommissar benutzte Götz George, der 1991 den Schimanski spielt, dieses quasi als Abschiedsgruß.

Jedenfalls, der Duisburger ist stolz auf seinen Schimmi. So stolz, dass er seine Jacke im Museum für Kultur- und Stadtgeschichte ausgestellt hat. Berühmtester Duisburger aber ist er nicht. Da muss man Gerhard Mercator (1512-1594) nennen. Ohne ihn würde man gar nicht erst in die Stadt mit der besonderen Lage finden. Und auch sonst liefe man gern in die Irre. Mercator, der im 16. Jahrhundert in Duisburg lebte und wirkte, erfand die nach ihm benannte Projektion. Das Besondere daran: Mit ihrer Hilfe lassen sich Karten winkelgenau zeichnen. Und genau dieses Prinzip ist nach wie vor Teil der modernen Satelliten-Navigationsgeräte.

Duisburg schmückt sich gern mit dem aus dem heutigen Belgien zugereisten Flamen. Eine Mercatorstraße gibt es hier direkt am Bahnhof. Und weil man von dem Mann nicht genug bekommen kann, gibt es auch gleich eine Kremerstraße. Denn Mercator heißt nichts anderes als Krämer. Dann gibt es einen Mercatorbrunnen am Rathaus, eine Mercatorhalle direkt in der Innenstadt und einen Mercator-Tunnel wieder

direkt am Bahnhof. Eine Mercator-Apotheke, ein Mercator-Reisebüro (wie passend), ein Mercator-Center fürs Shopping, ein Mercator-Gymnasium und eine Mercator-Quelle für Durstige. Kein Wunder also, dass die Stadt ihm – anders als Horst Schimanski – gleich eine ganze Mercatorschatzkammer im Heimat-Museum eingerichtet hat. Darin sind auch seine wertvollen Globen zu sehen, die ihm als Maßgabe für die Übertragung der Welt auf flache Karten dienten. Das Wort „Atlas" hat er übrigens auch gleich erfunden. Inzwischen will die Stadt sogar das Haus, in dem er lebte, wieder originalgetreu aufbauen.

Dann ist da noch Wilhelm Lehmbruck (1881-1919). Der weltberühmte Bildhauer stammt aus dem Stadtteil Meiderich. Dort wo auch der MSV Duisburg, der Meidericher Spielverein, seine Heimat hat. Lehmbruck hat nicht nur einen Raum, sondern gleich ein ganzes Museum bekommen. Das Wilhelm Lehmbruck Museum, mit seiner Sammlung zeitgenössischer Skulpturen, findet man auch gleich in der Innenstadt am Kantpark. Hier zu sehen, eines seiner berühmtesten Werke: die Kniende. Ein früherer Direktor des Museums warb dafür auf poetische Weise: „Die Anmut kniet in Duisburg."

In der Stadt erzählt man gern von seinen Bürgern, von Berühmten und von all den Anderen. Denn die Menschen sind es, die die Stadt ausmachen. Zupackend sind sie – das wissen wir nun schon, aber auch offen und mit dem

Der Tatortkommissar Horst Schimanski machte ab 1981 Duisburg und den Hafenstadtteil Ruhrort bekannt. Aus Dankbarkeit widmete ihm die Stadt eine eigene Gasse, die bis 2014 namenlos war. Auf dem knappen Wegstück am Hafen hat „Schimmi" tatsächlich gedreht.

Horst Schimanski, criminal investigator on the "Tatort" television series, made Duisburg and the Ruhrort harbour district famous as of 1981. The city showed its gratitude by giving him his own street; it had been nameless before that. "Schimmi" did indeed film on this short stretch to the harbour.

Le commissaire de la très populaire série policière allemande Tatort a apporté la célébrité à la ville de Duisbourg et son quartier portuaire dès 1981. Reconnaissante, la ville lui a dédié une ruelle jusque là sans nom et dans laquelle un tournage a effectivement eu lieu.

Seite 12 unten: Comedian Markus Krebs präsentiert sich als Duisburger aus Überzeugung: mit MSV-Trikot, König-Pils, dem Bier aus Beeck. Und „Ruhrpott" ist hier ein anderes Wort für „Heimat".

Page 12 below: Comedian Markus Krebs presents himself as Duisburger as a matter of conviction: with an MSV jersey, König Pils, the beer from Beeck. And here, "Ruhrpott" (Ruhr pot) is another word for "home".

Page 12 en bas : avec son maillot du club de foot de Duisbourg, le MSV, et la bière locale de Beeck, la König-Pils, le comédien Markus Krebs se présente volontiers comme un enfant de la ville.

Die Hafenpromenade in Ruhrort mit der Kultkneipe Hübi: Schiffe werde hier nicht mehr gelöscht. Der Durst durchaus.

The harbour promenade in Ruhrort with its cult pub Hübi: ships are no longer loaded or unloaded here. But thirsts are quenched.

La promenade le long du port à Ruhrort et sa légendaire brasserie Hübi. Là où autrefois on déchargeait aussi les bateaux, on n'y apaise aujourd'hui plus que la soif.

Auf dem Burgplatz direkt vor dem Rathaus erinnert seit 1878 der Mercator-Brunnen an den berühmtesten Bürger dieser Stadt. Der Kartograph Gerhard Mercator lebte im 16. Jahrhundert unweit des Burgplatzes.

On the castle square directly in front of the city hall, the Mercator fountain has memorialized the city's most famous citizen since 1878. The cartographer Gerhard Mercator lived not far from the castle square in the 16th century.

La fontaine Mercator, à la mémoire du plus célèbre citoyen de la ville, fut édifiée en 1878 sur la place Burgplatz, juste devant l'hôtel de ville. Le célèbre cartographe du XVIe siècle, Gerhard Mercator, vivait non loin d'ici.

rauen Charme des Ruhrpott-Schlags freundlich. In jedem Fall verliebt sich der Gast und Besucher schnell in diese direkte Art, die Dinge beim Namen zu nennen und Freundschaften zu schließen, ohne erst eine mehrseitige Biographie und ein polizeiliches Führungszeugnis von seinem Gegenüber lesen zu wollen.

Offenheit und Direktheit kommt nicht von ungefähr. Sie gehörten für über ein Jahrhundert zur Überlebensstrategie und sind mithin in Fleisch und Blut übergegangen. Duisburger sind, sagen wir es unverblümt, ein zusammen gewürfelter Haufen. Noch 1850 lebten nicht mehr als 5.000 Menschen in Duisburg. Dann kam die Industrie. Und mit ihr kamen die Menschen. Erst aus Belgien und dann aus Ostpreußen und Polen. Mit den Hochöfen und Zechen erwachte die Stadt aus einer Art Dornröschenschlaf.

Denn die perfekte Lage an Rhein und Ruhr hatte ihr schon 1.000 Jahre vor den Schornsteinen zu Ruhm und Reichtum verholfen. Um die erste Jahrtausendwende war Duisburg Kaiserstadt. Eine Pfalz stand auf dem heutigen Burgplatz, der also nicht aus Übertreibung so heißt, wie er heißt. Das Rathaus aus dem Jahr 1902 und die Salvatorkirche, die evangelische Stadtkirche Duisburg, charakterisieren bis heute dieses ewige Zentrum.

Doch die Stadt hatte Pech. Ebenfalls um das Jahr 1.000 suchte sich der Rhein ein neues Bett und ließ Duisburg rechts liegen. Einfach so und über Nacht. Plötzlich floss der Fluss 2,5 Kilometer weiter westlich vom Stadtkern. Die Anlegestelle zur Stadt versandete über die Jahrhunderte und bald mit ihr auch die Bedeutung der Stadt.

Erst die Industrie bescherte eine neue Blüte und ließ die Menschen nach

Mercator lebt – jedenfalls als Stadtführer, der nicht nur Kindern das alte Duisburg zeigt.

Mercator lives – at least in the form of a city guide, who shows not only children the old Duisburg.

Un guide touristique de la ville de Duisbourg dans les habits de Mercator.

Die „Kniende" von Wilhelm Lehmbruck hat ihre Heimat im Museum am Kant-Park. Genau genommen ist sie eine Französin, denn der Bildhauer aus Meiderich schuf die Plastik 1911 in Paris.

"Kneeling Figure" by Wilhelm Lehmbruck has her home in the museum on Kant Park. More precisely, she is French, for the artist from Meiderich created the sculpture in Paris in 1911.

« L'agenouillée » de Wilhelm Lehmbruck près du parc Kant. C'est en réalité une Française, puisque le sculpteur originaire de Meiderich a réalisé cette sculpture à Paris en 1911.

Ein Abbild von Michelangelos David vom Düsseldorfer Künstler Hans-Peter Feldmann bunt bemalt und vor dem Lehmbruck-Museum aufs Podest gestellt.

A replica of Michelangelo's David by the Düsseldorf artist Hans-Peter Feldmann, brightly painted and placed on a podium in front of the Lehmbruck museum.

Devant le musée Lehmbruck, une copie colorée du célèbre David de Michel Ange par l'artiste Hans-Peter Feldmann de Düsseldorf.

Lebensfreude pur – wenn der Sommer in der City zum gemeinsamen Feiern einlädt.

Pure lust for life – when summer in the city invites everyone to celebrate together.

Ambiance détendue en ville quand le soleil d'été invite au partage festif entre amis.

Duisburg strömen. Weil man Untertage nicht lange sprechen kann, wenn ein wichtiger Job zu erledigen ist und weil ohnehin die meisten Bürger von irgendwo her zugezogen waren, entwickelte sich der besondere Charakter der Kommunikation. Kurz präzise Ansagen und die Bereitschaft, schnell Kontakte zu knüpfen und Freundschaften zu schließen. Gelernt ist gelernt.

Heute leben Menschen aus über 155 Nationen in Duisburg. Der alte Begriff vom „Schmelztiegel" gilt noch immer. Nach den Deutschen von denen nicht nur die Schimanskis, Koslowkis und Schikorras polnische Wurzeln haben, sind Bewohner mit türkischen Migrationshintergrund, wie es heute heißt, die stärkste Nationen-Gruppe.

Das prägt das Stadtbild. Im Norden in Marxloh hat sich mit „Made in Marxloh" eine Brautmodenmeile mit eigenen Label entwickelt. Türkische Händler verkaufen dort, was für den schönsten Tag im Leben an passender Kleidung gebraucht wird. Übrigens ebenfalls was der Junge zur Beschneidung trägt. Die Kunden kommen aus einem Umkreis von weit über 100 Kilometern, aus Westfalen oder aus den Niederlanden. Nicht allein türkische Verlobte sind hier als Kunden gern gesehen. Jeder festliche Anlass ermuntert zum Schauen und Kaufen. Der Bummel über die Kaiser-Wilhelm-Straße gehört zum „Muss-man-gesehen-haben"-Programm.

Unweit davon ragt die DITIB-Merkez-Moschee mit seiner 23 Meter hohen Kuppel und seinem elf Meter höherem Minarett auf. 2005 eingeweiht ist sie die größte Moschee in Deutschland und wird mit dem „Wunder von

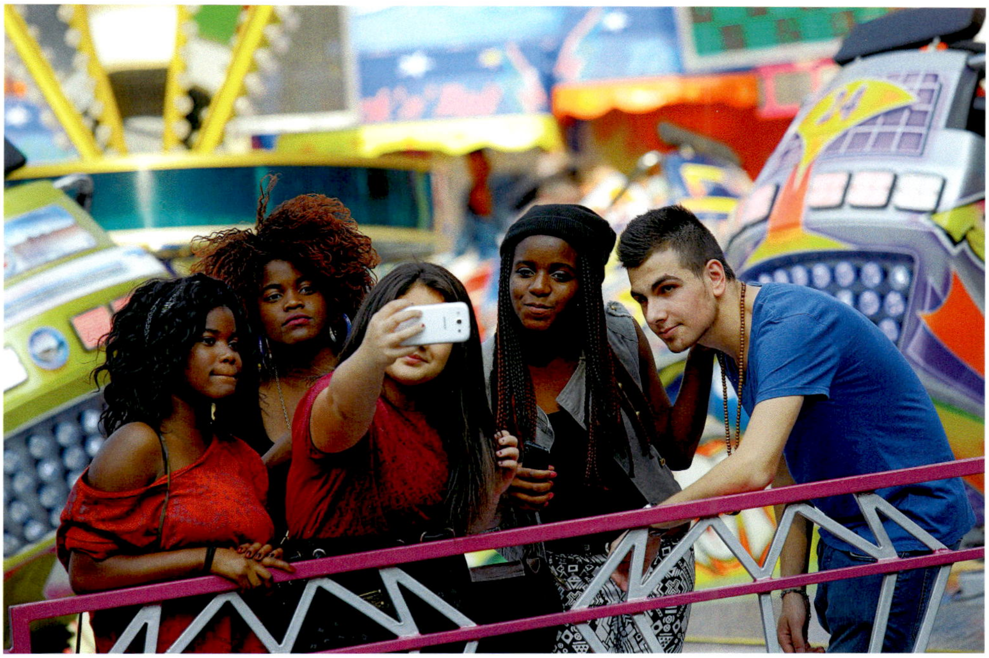

Rund und bunt: Auf der Kirmes trifft sich das junge Duisburg. Man muss nicht hier geboren sein, um sich zu Hause zu fühlen.

Bright colours all around: Young Duisburg meets at the fun fair. You don't have to be born here, to feel at home here.

Tour de manège : la jeunesse de Duisbourg se retrouve à la fête foraine. Il n'est pas nécessaire d'être né ici pour se sentir chez soi.

Der alte Stadtkern mit dem Rathaus (links) aus dem Jahr 1902 und der Salvatorkirche, deren Grundstein im 14. Jahrhundert gelegt wurde. Die Stadtkirche ist dem Salvator Mundi, dem Retter der Welt, geweiht. Im Hintergrund sieht man die Bürogebäude des Innenhafens.

The old city core with its city hall (on the left) from the year 1902 and Salvator church, whose foundation stone was laid in the 14th century. The parish church is dedicated to Salvator Mundi, the saviour of the world. In the background you can see the office blocks in the inner harbour.

La vieille ville avec l'hôtel de ville édifié en 1902 sur la gauche et l'église Salvator, dont la première pierre fut posée au XIVe siècle. L'église est consacrée au sauveur du Monde, le saint Salvador Mundi. À l'arrière-plan on aperçoit les bureaux dans le port intérieur.

Seit 2008 weist die DITIB-Merkez-Moschee mit ihrem 34 Meter hohen Minarett den Gläubigen den Weg zu Gott. In Marxloh, im Duisburger Norden, steht die Moschee mit ihrer charakteristischen Kuppel zugleich für das „Wunder von Duisburg.“

The DIOTIB Merkez Mosque with its 34-metre-high minaret has been showing believers the way to God since 2008. In Marxloh, in Duisburg's north, the mosque with its characteristic dome also stands for the "miracle of Duisburg".

La mosquée DITIB Merkez et son minaret de 34 mètres de haut accueille ses fidèles depuis 2008. Située à Marxloh, dans le Nord de Duisbourg, on l'appelle également « la merveille de Duisbourg » en raison de sa coupole caractéristique.

Der Geschmack der Heimat: Auf dem Markt bieten Händler die Spezialitäten an, die ihre Kunden kennen und lieben. Feilschen um den besten Preis inklusive. Ein bisschen Bosporus am Rhein.

A taste of home: At the market, traders offer specialities that their customers know and love. Bargaining for the best price is part of the deal. A little Bosporus on the Rhine.

Les saveurs du pays : on trouve sur le marché les spécialités appréciées et connues, ce qui n'empêche pas de les marchander au meilleur prix. Un air de Bosphore sur le Rhin.

Die Brautmodenmeile in Marxloh: Geschäft an Geschäft verkauft Mode für den schönsten Tag.

The bridal fashion mile in Marxloh: Shop after shop sells wedding fashions for that most beautiful of days.

L'adresse incontournable pour les robes de mariage à Marxloh. Magasin après magasin, pour le plus beau jour de la vie.

Immer mittwochs und samstags ist Markttag in Rheinhausen, einem Stadtbezirk im Duisburger Westen. Seit über 100 Jahren verwandelt sich der Platz an der Atroper Straße in eine riesige Ladentheke.

Every Wednesday and Saturday is market day in Rheinhausen, a district in Duisburg's west. For more than a hundred years, the square on Atroper strees has regularly been transformed into an enormous shopping counter.

Tous les mercredis et samedis, à Rheinhausen, un quartier à l'Ouest de Duisbourg, c'est jour de marché. Depuis plus de 100 ans, les étalages envahissent la place près de la rue Atroper.

Duisburg" verbunden. Ohne Aufschrei und großen Protest gelang der Bau.

Ein malerisches Stück Südosteuropa erlebt auch, wer sich Zeit nimmt, am Mittwoch oder am Samstag den Wochenmarkt in Hochfeld zu besuchen. Hier geht es zu, wie auf einem Basar. Laut – aber nicht auf Deutsch – werden die frischen Waren angeboten. Die Preise fallen zügig, für den, der des Feilschens mächtig ist, oder warten kann. Wenn die Händler gegen Mittag zur Kreide greifen und das Euro/Kilo-Verhältnis korrigieren. Sich von dem Treiben mitreißen und sich für einige Momente nach Istanbul versetzen zu lassen. Auch das gehört zu den spannenden Kontrasten einer Stadt, die friedliche Koexistenz von Currywurst und Döner. Und Pizza gibt es hier natürlich ebenfalls an jeder Ecke.

Wer Duisburg in den Blick nehmen will – sei es beim Blättern durch einen Bildband, noch besser aber direkt und vor Ort sollte die Bereitschaft, in Kontrasten zu denken, mitbringen. Solche Gegensätze anziehend zu finden, macht die Stadtidentität aus. Die Stadt ist weit über 1500 Jahre alt und musste sich zugleich mehrmals in ihrer Geschichte neu

„Einer der bizarrsten Orte der Republik“, schrieb der Spiegel über ungewöhnliche Nachbarn: Das bekannte Fisch-Restaurant „Walsumer Hof“, im Familienbesitz seit 1863, duckt sich im Schatten eines 180 Meter hohen Kraftwerkkühlturms. Das alte Dorf musste der Industrie weichen, geblieben ist die urige Einkehr für Feinschmecker.

"One of the most bizarre places in the republic", the Spiegel wrote about these unusual neighbours: The famous fish restaurant "Walsumer Hof", family-owned since 1863, crouches in the shade of the 180-metre-high cooling tower of the power plant. The old village had to make way for industry; only this rustic gourmet retreat remains.

« Un des lieux les plus bizarres de la République », titrait le magazine allemand Der Spiegel dans un article sur des voisins peu communs. Le restaurant de poissons renommé Walsumer Hof, appartenant à la même famille depuis 1863, se situe au pied d'une tour de refroidissement d'une centrale nucléaire de 180 mètres de haut. Du vieux village qui se trouvait ici jadis, sacrifié pour les besoins de l'industrie, ne subsiste aujourd'hui plus que cette adresse pour fins gourmets.

Die „schwebenden Rasenflächen“ im Herzen der Stadt. Für die kleine Pause zwischendurch im Herzen der Stadt auf dem König-Heinrich-Platz, eingerahmt vom Theater, dem Landgericht aus dem Jahr 1912, dem CityPalais mit Casino und dem Einkaufszentrum Forum.

The "floating gardens" in the heart of the city. Taking a short break now and then in the city's centre on King Henry square, framed by the theatre, the regional court from the year 1912, the CityPalais with casino, and the Forum shopping centre.

Les pelouses suspendues au cœur de la ville sur la place König-Heinrich. Bordées par le théâtre, le tribunal du Land de 1912, le CityPalais avec son casino et le centre commercial Forum, elles offrent un moment de détente.

erfinden. Sie markiert den Übergang zwischen dem Rau-aber-Herzlich des Ruhrgebiets und der landschaftlichen Sanftmut des Niederrheins. Duisburg liegt an Platz 15 der Großstädte in der Bundesrepublik und vermag mit Vierteln, die wie Dörfer in der Großstadt wirken, zu überraschen. Eine Arbeiterstadt mit Universität. Eine Sportstadt mit Oper und Museen. Eine Hafenstadt mitten im Land. Eine deutsche Stadt mit Enklaven, die wie aus einem anderen Land gerissen zu sein scheinen. Ja, schön auf die eine oder andere Weise. Aber vor allem spannend in jeder Hinsicht.

Für eilige Besucher, deshalb elf Duisburger Orte, die man unbedingt gesehen haben muss:

- den Landschaftspark Nord (graubunt)
- den Sportpark Duisburg (grün und wasserblau)
- das Dorf Baerl, das sich mehr schlecht als recht zu Duisburg gehörig fühlt (sehr grün)
- das Fischrestaurant Walsumer Hof, das sich unmittelbar neben einem Kraftwerk duckt (weißgrau)
- den Innenhafen, mit seinen alten Speichergebäuden und dem neuen Archiv des Landes Nordrhein-Westfalen (ziegelrot)
- Ruhrort und den Hafen inklusive Stadtrundfahrt (containerbunt)
- den Zoo mit Koalas und Delfinen (zebragestreift)
- den Rheinpark in Hochfeld, um sicher zu sein, dass die Stadt auch wirklich am Rhein liegt (sandgelb)
- die Brautmodenmeile in Marxloh (kunterbunt)
- den König-Heinrich-Platz mit schwebenden Gärten und dem Theater (stadtgrün)
- Spaziergang vom Burgplatz mit Rathaus und Salvatorkirche runter zum Innenhafen mit seinen alten Speichergebäuden und dem neuen Archiv des Landes Nordrhein-Westfalen (ziegelrot).

Tierisch beliebt: Der Duisburger Zoo am Kaiserberg an der Stadtgrenze zu Mülheim lockt jährlich eine Millionen Besucher an. Mit Tigern, die Streifen zeigen, Koalas und seinem Delfinarium.

Animal affection: The Zoo Duisburg on Kaiserberg at the city's border to Mülheim attracts millions of visitors every year. With tigers showing their stripes, koalas, and a dolphinarium.

Animalement vôtre : à Kaiserberg, à la périphérie de la ville non loin de Mülheim, le zoo de Duisbourg. Tigres, koalas et delphinarium font partie des temps forts qui attirent tous les ans un million de visiteurs.

ALT UND NEU

Das Wappen mit den Farben Weiß und Rot, sollte auf die Zugehörigkeit zur Hanse verweisen. Die Burg lässt den Namen der Stadt anklingen. Der Doppeladler erinnert an die Reichsstadt Duisburg.

The emblem with the colours white and red, declaring its affiliation to the Hanseatic League. The castle – "burg" – sounds out the city name. The double-headed eagle commemorates the imperial city of Duisburg.

Le blason aux couleurs blanc et rouge indique l'appartenance à la Hanse. Le château augure le nom de la ville. Le double aigle rappelle la ville empire qu'était Duisbourg.

Duisburger sind schon komische Menschen. Jedenfalls haben sie vor über 30 Jahren mal ein Stadtjubiläum gefeiert. 1983 war das. Und es ging um ein historisches Datum: 883 nach Christus. Damals hat der Mönch Regino von Prüm den Namen der Stadt zum ersten Mal erwähnt: „Dusburhg" liest der Kundige aus seiner Chronik.

1100 Jahr später- das ist schon schräg genug – feierten die Duisburger ihr Jubiläum. Geburtstag kann man nicht sagen, denn sie zelebrierten das Jahr, in dem ihre Stadt das erste Mal amtlich bekundet zerstört wurde. Wer das tut, dem ist eine gewisse Bodenständigkeit zu Eigen. Der Hang zum Übermut fehlt komplett.

Zurück zu der Geschichte und ins Frankenreich: 883 kamen die Wikinger nach Duisburg – über den Rhein natürlich. Nach einem Winter an Land zogen sie wieder ab. Nicht ohne das Örtchen vorher ordnungsgemäß niederzubrennen. Das Feuer muss man weithin gesehen haben. Der Mönch aus der Eifel nahm es zum Anlass, die Stadt zu erwähnen und die Duisburger, 1100 Jahre später, diese offizielle Feuertaufe zu feiern.

Die innere Logik der Geschichte vom Besuch der Wikinger ist folgende: Nordmänner sind nicht gerade als komische Menschen bekannt und haben die Stadt in aller Ernsthaftigkeit überfallen. Hier gab es was zu holen.

Kurz, Duisburg war schon wer, als andere noch gar nicht waren. Düsseldorf, die benachbarte Landeshauptstadt, war nicht mehr als Wiesen am Ufer. Da konnte niemand tot überm Zaun hängen wie im gebrandschatzten Duisburg, weil es gar keine Zäune gab.

Eine weitere Lehre aus der Geschichte und dem Jubiläum. Duisburg ist alt, muss sich das stets bewusst machen, denn die Stadt erfindet sich immer wieder neu.

Dabei waren die Wikinger beileibe nicht die ersten, die entdeckten, dass es am Rhein (und an der Ruhr) so schön ist. Eine fein verzierte Mammut-Rippe (zu sehen im Stadthistorischen Museum) beweist, dass bereits die Steinzeit-Menschen den Standortvorteil eines Hochwasser sicheren Ortes an den Flüssen zu schätzen wussten. Seit über 5.000 Jahren wirkt die Lage ausgesprochen attraktiv.

Diese besondere Lage brachte von Alters her Menschen auf immer neue Ideen. Erst also die Steinzeit-Menschen, die hier die Tiere an der ewig fließenden Tränke jagten. Später kamen dann die Germanen. Weil sie ohnehin schon da waren und die Römer auf der anderen Rheinseite. Duisburg lag an der Wasserscheide zwischen zwei Kulturen und der heutige Burgplatz wegen seiner erhöhten Lage entwickelte sich zum Handelsplatz. Erinnerungen daran liest man in Büchern oder schaut sie im Museum an. Römische Goldmünzen zum Beispiel. Viel freilich ist das nicht, denn auch das gehört zu einer Stadt, die sich immer neu erfindet: Das Alte muss weichen. Für Antiquitäten ist im Stadtbild kaum Platz.

Später – so im Mittelalter - befanden die Franken die Lage an Rhein und Ruhr ausgesprochen günstig. Duisburg lag vor der ersten Jahrtausendwende am

Das Rathaus mit Mercatorbrunnen. Das „Hauptquartier" sieht älter aus, als es ist. Denn erst zu Beginn des 20. Jahrhunderts bauten sich die Duisburger ihr Rathaus an dem Ort, an dem seit dem Mittelalter der Kern der Stadt war.

The city hall with its Mercator fountain. This "headquarters" looks older than it is. For it was only at the beginning of the 20th century that the people of Duisburg built their city hall in this place, which had been the centre of the city since the Middle Ages.

L'hôtel de ville et sa fontaine Mercator. L'impression d'ancienneté est néanmoins trompeuse. Ce n'est en effet qu'au début du XXe siècle que les habitants de la ville se sont dotés d'un l'hôtel de ville. Le choix de l'emplacement n'aurait su être plus judicieux : c'est ici que bat depuis le Moyen-âge le cœur de la ville.

Die Salvatorkirche im Kunstlicht der Kulturhauptstadt 2010: Seit über 1.000 Jahren steht an diesem Platz nahe des Alten Markts ein Gotteshaus. Direkt nebenan steht das Rathaus und stand früher die Pfalz: Politik und Religion gehörten seit dem Mittelalter unmittelbar zusammen.

Salvator church in the artistic lights of the cultural capital: For over a thousand years a house of God has stood on this square near Alte Markt, the old market place. Directly beside it, the city hall and previously the Palatinate: politics and religion have stayed close together since the Middle Ages.

Mise en lumière artistique de l'église Salvator pour la capitale de la culture 2010 : cela fait plus de 1 000 ans qu'il existe une maison de Dieu, près du vieux marché. Juste à côté se trouve l'hôtel de ville et, avant lui, le palatinat. Politique et religion ont depuis le Moyen-âge toujours été étroitement liées.

Oben: Die ältesten Überreste der Stadtmauer gehen auf die Zeit vor der ersten Jahrtausendwende zurück. Am Innenhafen zeigt das restaurierte Mauerstück mit Turm und Wehrgang aus dem 12. Jahrhundert, wie die Umfriedung der Duis-Burg ausgesehen hat.

Above: The oldest remains of the city wall go back to the time before the first turn of the century. On the inner courtyard, the restored masonry with a tower and wall-walk from the 12th century show what the enclosed Duis-Burg (Duis castle) looked like.

Ci-dessus : les plus anciens vestiges du mur d'enceinte remontent à l'an mille. La portion restaurée du mur dans le port intérieur avec sa tour et son chemin de ronde du XIIe siècle donne un aperçu de la clôture de la ville de jadis.

Oben rechts: Die Schätze der Duisburger Stadtgeschichte, ausgestellt in einem alten Kornspeicher auf dem Johannes-Corputius-Platz: Im Kultur- und Stadthistorischen Museum ist auch die Knuddel-Jacke von Horst Schimanski zu sehen.

Above right: The treasures of Duisburg's town history, exhibited in an old grain store on Johannes Corputius square. In the museum of cultural and urban history you can also see Horst Schimanski's comfy jacket.

Ci-dessus, à droite : les trésors de l'histoire de la ville de Duisbourg sont exposés dans un ancien grenier à blé aujourd'hui reconverti en musée de la culture et de l'histoire de la ville sur la place Johannes-Corputius. La veste du célèbre inspecteur Schimanski y est également exposée.

Mitte rechts: Das Dreigiebelhaus in der Innenstadt ist eines der wenigen historischen Gebäude, die an das alte Duisburg erinnern: Der älteste Teil des Hauses stammt aus dem Jahr 1536. Das Dreigiebelhaus bietet heute jungen Künstlern Quartier.

Middle right: The three-gable house in the inner city is one of the few historical buildings which commemorate the old Duisburg. The oldest part of the house dates back to the year 1536. Today, the three-gable house today offers space to young artists.

Ci-dessus, au milieu : la maison aux trois frontons dans le centre-ville est l'une des rares maisons historiques encore debout aujourd'hui et qui rappellent le vieux Duisbourg. La partie la plus ancienne date de 1536. Elle sert aujourd'hui d'atelier pour jeunes artistes.

Unten rechts: Die perfekte Verbindung von Alt und Neu: Ein Stahlskelett zeichnet die Umrisse der Markthallen aus dem Mittelalter nach. Der Alte Markt liegt im Schatten des Rathauses.

Bottom right: The perfect connection between old and new: A steel skeleton shows the silhouettes of the medieval market halls. The old market place lies in the shade of the city hall.

Ci-dessus, en bas : combinaison parfaite entre ancien et nouveau, une structure esquisse les contours des halles du vieux marché du Moyen-âge, à l'ombre de l'hôtel de ville.

Auf der Grenze zwischen den südlichsten Stadtteilen Mündelheim und Serm steht die Dionysius-Kapelle aus dem Jahr 1723.

On the border between the southernmost city districts Mündelheim and Serm stands the Dionysius chapel from the year 1723.

La chapelle Dionysos de 1723, à la limite des quartiers les plus au Sud de la ville, Mündelheim et Serm.

Idylle am Niederrhein: Die alte Dorfkirche in Friemersheim, deren Ursprung auf das Jahr 1487 zurückgeht. Die evangelische Kirche, ehemals dem Heiligen Martin geweiht, liegt direkt am Rheindeich. Ganz praktisch: Einst kamen die Gläubigen aus Ehingen auf der anderen Uferseite per Fähre zum Gebet.

Idyllic Lower Rhine: The old village church in Friemersheim, whose origins date back to the year 1487. The protestant church, previously dedicated to St. Martin, lies directly on the Rhine dyke. Most practical: Once upon a time believers from Ehingen on the other side of the river came to prayer by ferry.

Idylle sur le Rhin inférieur : les origines de la vieille église du village de Friemersheim remontent à 1487. L'église évangélique, autrefois dédiée au saint Martin, se situe tout prêt de la digue du Rhin. Jadis, les croyants de la commune voisine d'Ehingen de l'autre côté du Rhin empruntaient le bac pour assister à la messe.

Rheinende des Hellwegs, der berühmten mittelalterlichen Handelsstraße. Auf der Ost-West-Route wurde das Salz transportiert. Mehr noch, Duisburg war der Brückenkopf der Verbindung zwischen Brügge und Nowgorod. Kurzerhand bauten sich die Kaiser bereits im 8. Jahrhundert eine Pfalz auf den Burgplatz, ließen eine der ersten Burgmauern überhaupt auf der Nordseite der Alpen um ihr Anwesen ziehen und schauten angelegentlich vorbei. Reste dieser Stadtmauer aus dem 10. Jahrhundert sind noch am Innenhafen zu sehen und in der Innenstadt an der Untermauerstraße.

Der Kaiser verlieh der Stadt sogar Münzrecht. Die Währung aus Duisburg, der Denar mit dem Bild des aktuell tätigen Dienstherren wie Konrad oder Heinrich drauf, wurde bis ins Baltikum hinein gefunden.

MITMACHEN & EH

Lichte Glasfassaden prägen die neuen Häuser am Innenhafen. Leuchtende Kuben geben der Kultur Fläche. Im Mittelpunkt steht dabei, der Mensch, bekannt auch als der Duisburger an sich.

Lit glass facades characterise the new buildings in the inner harbour. Shining cubes provide space for culture. In its centre stands the human being, otherwise known as the Duisburger himself.

Des façades lumineuses en verre habillent les nouveaux immeubles du port intérieur. Des cubes illuminés offrent de la surface à la culture. Au centre de tout cela, l'homme de Duisbourg.

Die Stadt – jetzt mit dem Namen Diusburg, war anerkannt wichtig. Wegen der Ost-West-Verbindung. Und natürlich wegen der Lage am Rhein, die den Handel per Schiff erlaubte. Der Importschlager war übrigens Wein, vom Rhein und von der Mosel vermutlich. Danach kam dann Bier. Einmal mehr machte sich die sagenhaft günstige Lage bezahlt. Auch aus diesen Tagen findet sich in der Stadt nicht mehr viel. Wer vom Steinbruch in Duisburg hört, der sei daran erinnert, dass dieser Name fast 1.000 Jahre alt ist. Kaiser Lothar verlieh der Stadt das Privileg, selbst Steine zu brechen. Ein paar Ecken von der Stadtmauer sind noch da. Die Straßennamen Kuhtor und Marientor erinnern klanglich an die Umfriedung.

Dann aber suchte sich der Rhein einen neuen Weg und mit ihm der Kaiser, der seine Pfalz preisgünstig an die Herzöge von Kleve und Mark verpfändete. Die Stadt hatte ihren Standortvorteil eingebüßt. Buchstäblich über Nacht übrigens. Irgendwann nach der Jahrtausendwende brach ein natürlicher Damm und der Strom ließ die Stadt rechts liegen. Der Rheinarm, der zum Burgplatz führte, versandete mit der Zeit und damit auch die Bedeutung der Stadt. Rudolf von Habsburg verpfändete sie im 13. Jahrhundert an den Grafen von Kleve.

Wer sich ein bisschen Mühe macht, findet das Drei-Giebel-Haus, das aus dem ausgehenden Mittelalter (1536) stammt. Hinter dem Rathaus lässt sich

Wohnen (links), Leben in den Bars und Restaurants und Arbeiten: am Hotspot Innenhafen.

Living (on the left), life in the bars and restaurants, and working: at the hot-spot that is the inner harbour.

Habiter (à gauche), sortir dans les bars et les restaurants, ou encore travailler : c'est la vie au cœur du port intérieur.

Das Kindermuseum Explorado für junge Entdecker und das Museum Küppersmühle. Die alten Getreide-Speicher entstanden Ende des 19. Jahrhunderts und formten den „Brotkorb" des Ruhrgebiets. Heute sind sie Schatzkammern für Kultur.

The children's museum Explorado for young explorers, and the museum Küppersmühle. The old grain stores were built at the end of the 19th century and formed the "bread basket" of the Ruhr area. Today they are a treasure chamber for culture.

Le musée pour enfants Explorado dédié aux chercheurs en herbe et le musée Küppersmühle. Les vieux greniers à grains virent le jour fin du XIXe siècle et constituaient « la corbeille à pain » de la région de la Ruhr. Ils servent aujourd'hui à conserver les trésors de la culture.

Das jüdische Gemeindezentrum am Innenhafen schuf der israelische Architekt Zvi Hecker. Der Bau mit seinen „fünf Zacken" erinnert an den Davidsstern sowie an fünf Buchseiten, ein Verweis auf die fünf Bücher Moses. Es grenzt an den „Garten der Erinnerungen" des Land- Art-Künstlers Dani Karavan.

The Jewish community centre in the inner harbour was created by the Israeli architect Zvi Hecker. The building with its "five points" memorialises the Star of David as well as five pages of a book, a reference to the five books of Moses. It borders on the "garden of memories" by the landscape artist Dani Karavan.

Le centre religieux de la communauté juive près du port intérieur par l'architecte juif Zvi Hecker. Les cinq arches du bâtiment évoquent la croix de David et cinq pages de livre des cinq livres de Moïse. La bâtisse jouxte le « Jardin des souvenirs » de l'artiste Dani Karavan.

Moderne Büroarchitektur am Innenhafen. Das Quartier ist eines der Leuchtturm-Objekte der Internationalen Bauausstellung IBA aus den Jahren 1989 bis 1999.

Modern office architecture in the inner harbour. The district is one of the beacon projects of the International Building Exhibition IBA from the year 1989 to 1999.

Architecture de bureaux moderne au port intérieur. Ce quartier est l'une des réalisations phare de l'exposition internationale d'architecture IBA des années 1989 à 1999.

Vor der Schwanentorbrücke liegen die Schiffe der „Weißen Flotte" vor Anker. Vom Außenhafen aus machen sie die Leinen los für Hafenrundfahrten oder Ruhrtouren.

Kleines Bild rechts: Die Marina im Innenhafen: Entspannen vor der ganz privaten Flusskreuzfahrt.

In front of Schwanentor bridge the ships of the "white fleet" lie at anchor. They untie their ropes for harbour tours or Ruhr tours starting in the outer harbour.

Small photo on the right: The marina in the inner harbour: Relaxing before a very private river cruise.

Les navires de la « flotte blanche » mouillent devant le pont Schwanentorbrücke (pont de la porte des cygnes). Partant du port extérieur, la compagnie propose des tours dans le port ou des excursions dans la Ruhr.

Petite photo à droite : La marina du port intérieur. Détente avant la croisière privée.

die Ausgrabungsstätte des Alten Marktes erkunden. Ein lohnender Ort, auch weil das Mittelalter hier gleich neben einer stark befahrenen Straße liegt. Im 14. Jahrhundert entstand die Markthalle, in der Tuche aus Flandern zur Messe wohlfeil geboten wurden. Alt und Neu in enger Verbindung. Das ist es aber schon. Immerhin, das Rathaus und die Stadtkirche (Salvatorkirche), stehen auf dem Burgplatz, eben jenem Ort, der schon den Kaisern (ebenfalls mit Kirche) als Duisburg bekannt war.

Wer mehr Mittelalter sucht, muss in die Stadtteile nach Mündelheim tief im Süden, wo die romanische Kirche St. Dionysius ihren Ursprung aus dem 10. Jahrhundert hat. Oder, auch im Süden, zur Sandmühle und dem Steinhof, die ein Stück Erinnerung an längst vergangene Tage bewahren. Der benachbarte Steinturm, das älteste profane Gebäude in Duisburg, geht auf das 10. Jahrhundert zurück. Im Westen verweist der Werthschenhof in Friemersheim darauf, dass die dor-

Die alten Speichergebäude am Innenhafen haben zwar ihre ursprüngliche Funktion, nicht aber ihre Attraktivität verloren. In Verbindung mit modernen Bürogebäuden wie den „Five Boats" im Hintergrund setzen sie einen faszinierenden Kontrast.

The old warehouse buildings in the inner harbour may have lost their original function, not however their original attractiveness. In combination with modern office blocks, such as the "Five Boats" in the background, they create a fascinating contrast.

Les vieux greniers du port intérieur ont peut-être perdu leur première raison d'être, mais pas leur attractivité. Ils créent un contraste fascinant avec les « Five Boats », nom des immeubles de bureaux modernes à l'arrière-plan.

Das Leben am Rhein wirkte anziehend auf die Menschen und die Attraktivität eines Moments am Wasser hat sich bis heute bewahrt.

Life on the Rhine exerted an attraction on people and the beauty of moments at the waterside has remained to this day.

La vie aux abords du Rhin a attiré beaucoup de gens et le plaisir des moments passés à ses côtés n'a jusqu'à présent jamais été démenti.

Kräne gehören zu den „Werkzeugen", die Duisburg groß gemacht haben. Kräne im Hafen, in den Werken, und an den Zechenanlagen. Denn der Name Schwerindustrie kommt nicht von ungefähr. Er verweist auf Lasten: Kohle, Stahl, Erz und vieles mehr. Sie wollen getragen werden.

Cranes are one of the "tools" that made Duisburg great. Cranes in the harbour, in the factories, and in the collieries. For the term heavy industry is not without reason. It refers to heavy loads: coal, steel, ore, and much more. They want lifting ....

Que ce soit dans le port, dans les usines ou dans les mines, les grues ont été un élément essentiel à l'essor de la ville. Car qui dit industrie lourde, dit charges à déplacer : charbon, acier, minerai et bien plus encore.

tigen Ritter bereits um 1200 ihr Land bestellten – lange, sehr lange bevor es Krupp gab.

Dann aber passierte lange wenig in dem Örtchen, das früher mal am Rhein lag. Immerhin man gehörte zur Hanse. Gerhard Mercator zog 1522 aus dem flandrischen Rupelmonde kommend hierher. Vielleicht weil er hoffte, dass Duisburg eine Universität erhält. Die Universität kam dann auch – allerdings erst knapp 70 Jahre nach seinem Tod 1594. Johann de Corput, ein Schüler Mercators, zeichnete eine sehr genaue Karte der Stadt im 16. Jahrhundert. Nach dieser sehr exakten Darstellung entstand ein Bronzeabguss am Innenhafen (natürlich am Johannes-Corputius-Platz). Das Relief zeigt sehr schön, wie Duisburg im Mittelalter und der beginnenden Neuzeit aussah. Ein kuscheliges Städtchen, von einer Mauer eingefasst und mit Burgplatz samt Kirche als Zentrum.

Dem alten Duisburg ist man am Johannes-Corputius-Platz so nahe wie nirgendwo. Ein Stück Stadtmauer – wie gesagt – findet sich hier. Dort, wo sich nun der Innenhafen mit Wasser füllt, floss der Rhein, bis zur ersten Jahrtausendwende. Dort, wo nun die Salvatorkirche steht, betete der Duisburger, oder wie immer er sich früher nannte, schon seit weit über 1.000 Jahren zu Gott. Und auch dem neuen Duisburg ist man hier so nah, wie an kaum einem anderen Ort. Der Blick aufs andere Ufer des Hafenbeckens zeigt die aufwändige

Das neue und junge Duisburg skatet im Rheinpark in Hochfeld. Spannend dabei: Just an jenem Ort, an dem 1852 die Industrie mit einem Hochofen erstmal an den Rhein rückte, kehrt die Stadt als Erlebnisraum des großen Stroms zurück.

The new and the young Duisburg skates in the Rhine park in Hochfeld. Exciting here: Exactly in the place where industry first came to the Rhine bringing a blast furnace, the city returns to this space to experience the great stream.

La jeunesse de Duisbourg fait du skateboard au parc Rheinpark à Hochfeld. Là où l'industrie installa son premier haut fourneau en 1852 se trouve aujourd'hui un grand espace de loisirs au bord du Rhin.

Architektur des Landesarchivs, das im Jahr 2014 eingeweiht wurde. Moderne Bürogebäude schließen sich daran an.

Überhaupt der Innenhafen: Der ehemalige Brotkorb des Ruhrgebiets mit seinen Mühlen und Speichern hat sich zu einem Hotspot entwickelt. Leben und Arbeiten am Wasser. Bürogebäude neben Apartments an den Grachten, Restaurants, Kneipen, ein Kindermuseum und eins für große Kunst in der Küppersmühle. Die Synagoge und der Garten der Erinnerung des Star-Architekten Dani Karavan sind weitere Sehenswürdigkeiten.

Eine eigene Marina für Yachten hat das Quartier hinter der Schwanentorbrücke aus dem Jahr 1950. Tatsächlich macht in diesem Revier alles was her.

Kein Wunder deshalb, wenn die Duisburger lobend von ihrer Stadt sprechen, und wie sie sich entwickelt habe, dann fällt unweigerlich der Quartiersname Innenhafen. Wenn das Revier hipp ist, dann hier!

Gerade weil sich hier Alt und Neu so kongenial treffen. Denn die alten Speichergebäude erinnern an den nächsten großen Abschnitt der Stadtgeschichte, an die Zeit der Industrialisierung. Und wieder sprechen wir über einen Standortvorteil und einen Strukturwandel. Die Erfindung der Dampfmaschine, die Massenfertigung in Fabriken, der Bau der Eisenbahnen und Dampfschiffe – die Motorisierung der Welt – all das hat Duisburg groß gemacht. Und die Stadt lieferte die Rohstoffe, um die neue Zeit zu befeuern: Kohle und Eisen.

In den 1850er Jahren nahm die Entwicklung ihren Anfang. Das Ruhrgebiet mit seinen schier unerschöpflichen Reserven an dem „Schwarzen Gold“ verwandelte sich von einer grünen bäuerlichen Landschaft in das ziegelrote, stahlgraue und rauchige Herzstück der Industrialisierung. Duisburg spielte eine besondere Rolle. Hier also siedelten die Hüttenwerker, sie bauten den ersten Hochofen am Rhein, teuften Zechen-schächte am vermeintlichen Westende der Flöze, bliesen Stahl aus dem Roheisen und arrangierten die Gerüste, um diesen Stahl zu walzen. Mit der Industrie kamen die Menschen. Zu Zehntausenden, zu Hundertausenden.

Aus dem Westen, den Revieren in Belgien, aus dem Osten, aus Polen, Ostpreußen und aus Schlesien. Die Stadt explodierte förmlich. 1850 hatte sie kaum 9.000 Einwohner. Wenig mehr als 50 Jahre später waren es bereits über 100.000. Man griff auch gleich um sich, sprengte die Mauern der Stadtumfriedung und gemeindete die selbstständigen Städte wie Meiderich, Ruhrort und danach auch Hamborn ein. Ans Westufer des Rheins nach Homberg und Rheinhausen oder Rumeln-Kaldenhausen sprang man erst 1975.

Die Industrie hatte Duisburg in Rauch gehüllt. Sie hatte die Stadt aber auch groß und reich gemacht. Die Salvatorkirche bauten die frommen Bürger aufs Prächtigste aus. Das Rathaus entstand im Jahr 1902, das Theater mit seinen typischen sechs Säulen wurde 1912 fertiggestellt, ebenso das Landgericht. Ein stolzes Gemeinwesen war es. Es zerfiel im Bombenkrieg des Zweiten Weltkriegs. Wie schon zu Zeiten der Wikinger erwies sich der Standort-Vorteil als bitterer Nachteil. Duisburg, das industrielle Herz Deutschlands, wurde zum strategischen Ziel.

Davon ging die Stadt nicht unter. Sie wurde ja noch gebraucht. Als Werkbank des Wirtschaftswunders. Und aus den Ruinen erstand sie neu und wieder anders. Einmal mehr wirkte sie anziehend: Menschen aus Italien, Portugal, Spanien und später aus der Türkei strömten in die Stadt. Angeworben, um die Maschinerie des Wirtschaftsaufschwungs mit ihrer Tatkraft am Laufen zu halten. So wuchs eine Stadt der kulturellen Vielfalt, wo christliche Kirchen, die jüdische Synagoge und muslimische Moscheen sich dem Himmel zuwenden. Damals war er noch rauchfarben, heute ist er blau! Doch die Zeit der Zechen war bald vorbei. Die großen Werke schafften ihr Pensum mit weniger Personal. Duisburg, das sich stolz, „Stadt Montan" genannt hatte, schämte sich plötzlich dieses Titels und kramte die Schilder in die Keller. Einmal mehr musste sie sich neu erfinden. Trotz aller Probleme, die das Ende der Eisenzeit mit sich brachte. Duisburg präsentiert sich als Hafenstadt, als wichtiges Glied in der Warenkette. Was immer das moderne Leben ausmacht, in Duisburg wird es umgeschlagen. Von Mode bis Maschinen, von Ananas bis Zement. Und wie vor 5.000 Jahren gilt: Die Stadt liegt günstig. Und nach 1.000 Jahren kehrt die Stadt an den Rhein zurück, wo sich damals die Industrie früh die besten Plätze erobert hatte, doch nun die Ufer wieder frei gibt. Der Rheinpark in Hochfeld lädt ein, dieses Faszinosum zu entdecken. Noch ist dort der Charme rauen Betons und rostiger Stützen zu spüren und zugleich genießt man das Grün und den Strand am Strom. Alt und Neu, dabei immer typisch Duisburg.

Von Mode bis Müsli – die Stadt mit ihrem Hafen ist die Logistikdrehscheibe für die Ballungsräume Westdeutschlands und des benachbarten europäischen Auslands.

From fashion to muesli – the city with its harbour is the logistics hub for west German conurbations and neighbouring countries.

Avec son port, la ville est la plaque tournante de nombreuses marchandises destinées à l'Allemagne de l'Ouest et aux pays voisins.

HÖHEN UND TIEFEN

Der Sinnspruch aus Schillers „Huldigung an die Künste" ziert den Giebel des Theater Duisburg. Dank seiner Wagner-Aufführungen galt Duisburgs Bühne vor dem Zweiten Weltkrieg als das „Bayreuth des Ruhrgebiets".

A quote from Schiller's "Homage of the Arts" adorns the gable of the Theatre Duisburg. Thanks to its Wagner performances, Duisburg's stage was considered the "Bayreuth of the Ruhr district" up to the Second World War.

« Huldigung an die Künste » (L'Hommage des arts) de Schiller orne le fronton du théâtre Giebel de Duisbourg. Avant la deuxième guerre mondiale, les représentations wagnériennes valurent à la scène de Duisbourg le surnom de la « Bayreuth de la Ruhr ».

Am Giebel des Theaters stehen Schillers Worte geschrieben: „Mit allen seinen Höhen, seinen Tiefen roll ich das Leben ab vor deinem Blick..." Was sich auf die Kunst des Schauspiels bezieht, darf man sich ausleihen, um ganz buchstäblich die Höhen und Tiefen Duisburgs in den Blick zu nehmen. Zunächst ein paar Zahlen: Die mittlere Höhe über dem Meeresspiegel beträgt 33,5 Meter. (Köln liegt mindestens drei Meter höher.)

Besonders flach ist die Stadt in Walsum, hoch im Norden mit 14,5 Meter. Ihre höchste (natürliche) Erhebung haben die Geodäten im Stadtwald gemessen. Aus stattlichen 82 Meter über dem Meeresspiegel schaut das Haus Hartenfels übers weite und flache Land. Sogar einen eigenen Berg kann man vorweisen, den Kaiserberg. Immerhin, mit einem Gipfelmaß von 75 Metern und – wie passend – über viele Jahrzehnte auch ein Wohnviertel für die Höhergestellten. Die letzten Wellen des Bergischen Landes fließen hier in sanften Hügeln aus.

Wer sich ans linke Ufer des Rheins begibt, nach Baerl, Homberg, Friemersheim oder Rumeln-Kaldenhausen durchmisst den Niederrhein. Er trägt seinen Namen zu Recht. Brettflach ist die Landschaft, das ideale Revier für Radtouren. Entlang einer ländlichen und grünen Szenerie, die ein wenig an Holland, dafür noch viel weniger an den rauen Charme des Ruhrgebiets erinnert, führen die Wege. Zum „Kohlenpott" gehört dieser Landstrich nicht. Will er auch gar nicht dazugehören. Von den Römern sei man kultiviert worden, sagen sie mit Blick nach rechts über den Rhein, wo die Germanen hausten. Hanns-Dieter Hüsch, der Poet dieser Region, sagte über die Untiefen des Satzbaus beim Niederrheiner, er sei wie die Landschaft: „weit und ungegliedert." Sogar das Idiom ist hier leicht anders. Zwischen Mündelheim und Krefeld verläuft die Uerdinger Linie. Die einen sagen „Ich" die anderen „Ik".

Ist das noch Duisburg, will sich der Besucher der „linken Rheinseite" fragen? Dieses flache Stück Land? Ja, das ist es! So sehr wie Ruhrort mit dem Hafen oder Hamborn mit seiner Industriekulisse oder Duissern mit der Universität verbunden ist. Vielfalt ist hier normal.

Doch es bleibt dabei: Die Industrie hat die Stadt geprägt, und sie hat die Stadt modelliert. Markante Höhen und Tiefen entstanden durch Menschenhand und Maschinenwerk. Ihre Abraum-Halden schufen künstliche Hügel. Eine davon wurde zu einer international beachteten Sehenswürdigkeit. Die Heinrich-Hildebrandt-Höhe in Wanheim. Auf der Höhe von 32 Metern und einem Plateau so groß wie ein Fußballfeld baute die Stadt sich 2011 ein neues Wahrzeichen. Heike Mutter und Ulrich Genth entwarfen das begehbare Kunstwerk „Tiger & Turtle". Wie eine begehbare Achterbahn inklusive Looping schwingt es durch die Landschaft. Bis hinaus auf 85 Meter mit Blick auf den Rhein und das Stahlwerk, in dem die Stützen gefertigt wurden. Touristen aus aller Welt pilgern die Serpentinen zum „Magic Mountain" hinauf. Fast 200.000 waren es gleich im ersten Jahr.

Kunst mit Charakter: Die Stahlplastik „Arcs" (Bögen) des Franzosen Bernard Venet auf dem König-Heinrich-Platz direkt vor dem Theater. Die rostigen Bögen nehmen das Thema „Stahl", das in Duisburg überall sichtbar wird, auf rundum geschwungene Kunstart auf.

Art with character: The steel sculpture "Arcs" (arches) by the French artist Bernard Venet on King Henry square directly in front of the theatre. The rusty arches pick up the "steel" theme, which is visible everywhere in Duisburg, in a round and curved artistic style.

Devant le théâtre, la sculpture en acier « Arcs » de l'artiste français Bernard Venet sur la place König-Heinrich-Platz. Les arcs rouillés jouent sur le thème de l'acier, visible partout à Duisbourg.

Ein Stück Natur, geschaffen durch die Industriekultur, lädt in Buchholz, Großenbaum und Wedau zum Bade ein. Die Sechs-Seen-Platte, ein wichtiges Naherholungsgebiet, füllte sich durch Auskiesungen mit dem Wasser. Badevergnügen, Anglerglück und Seglerrevier von mächtigen Stahlzähnen in die Landschaft gebissen. Man ahnt es nicht mehr, sieht nur vor lauter Bäumen den Wald. All das liegt mit dem Auto keine Viertelstunde vom Stadtzentrum entfernt. Um sich einen Überblick zu verschaffen, lohnt der Spaziergang zu der Aussichtsplattform am Wolfsee. 23 Meter hoch verschafft sich der Besucher den Überblick und die Einsicht: Das mit den fast 45 Prozent Grün- und Wasserflächen ist keineswegs aus der Luft gegriffen.

Zugleich verwandeln sich Tiefen in Höhen: Der Alsumer Berg im Norden entstand kurioserweise durch das Zechengeschäft. Der alte Stadtteil versank aufgrund der Bergwerksabsenkungen. Die Stadt gab Alsum vor 50 Jahren

Man muss nicht zu hoch hinaus, um sich einen vollständigen Überblick über die Stadt zu verschaffen. Die Rockelsberghalde, aufgetürmt aus der Schlacke des ehemaligen Krupp-Hüttenwerks, erhebt den Betrachter knapp 70 Meter über den Meeresspiegel. Von hier aus zeigt sich: Die Vorflutbereiche für den Rhein, die Autobahnbrücke der A40, eine der Lebensadern des Reviers, und der von der Industrie geprägte Norden der Stadt mit dem Gasometer des ThyssenKrupp-Werks in Bruckhausen.

You needn't go up high to get a complete view across the city. The Rockelsberghalde, a slagheap from the mining activities of the former Krupp smelting plant, raises the spectator nearly 70 metres above sea level. From here it is clear: The pre-flood drainage areas for the Rhine, the bridge of the A40 motorway, one of the region's main arteries, and the city's industrial north with the gasometer of the ThyssenKrupp plant in Bruckhausen.

Nul besoin d'aller trop haut pour gagner une vue d'ensemble de la ville. La Rockelsberghalde, la colline de laitier des anciens hauts fourneaux de l'usine Krupp, offre une vue d'environ 70 mètres au-dessus du niveau de la mer. D'ici on distingue les débouchés du Rhin, le pont de l'autoroute A 40 qui est l'une des artères vitales de la région et le Nord de la ville, marqué par l'ère industrielle avec le gazomètre des usines ThyssenKrupp de Bruckhausen.

Duisburg ist das Tor zum Niederrhein. Einen der sehenswertesten Übergänge vom Ruhrgebiet zu der ländlichen Landschaft schlägt die Haus-Knipp-Brücke mit einer Spannweite über den Strom von 186 Metern. Sie verbindet das von der Industrie geprägte Beeckerwerth auf der rechten Rheinseite mit dem dörflichen Stadtteil Bearl.

Duisburg is the gateway to the Lower Rhine. One of the most important and interesting transitions from Ruhr district to rural landscape is the Haus Knipp bridge which spans 186 metres across the stream. It connects the industry-characterized Beeckerwerth on the right-hand banks of the Rhine with the more rural district of Bearl.

Duisbourg est la porte du Rhin inférieur. L'un des passages les plus remarquables de la région de la Ruhr vers les paysages bucoliques, le pont Haus-Knipp-Brücke surplombe le Rhin sur une longueur de 186 mètres et relie le site industriel de Beeckerwerth sur la rive droite du Rhin au quartier villageois Bearl.

Die „Höhepunkte" Duisburgs eignen sich für künstlerische Wegmarken wie die Großskulptur Tiger & Turtle –Magic Mountain. Das Kunstwerk, das an eine Achterbahn erinnert, schufen Heike Mutter und Ulrich Genth. Die Landmarke steht im Süden in Wanheim – natürlich auf einer ehemaligen Schlackenhalde.

The "highest points" of Duisburg lend themselves to artistic markers such as the monumental sculpture Tiger & Turtle-Magic Mountain. This work of art, that reminds one of a roller-coaster, was created by Heike Mutter and Ulrich Genth. This landmark stands in the south of Wanheim – on a former slagheap, of course.

Les endroits surélevés de Duisbourg ont presque vocation à accueillir des sculptures imposantes telles que le Tiger & Turtle – Magic Mountain. Cette œuvre, qui ressemble à un grand-huit, fut créée par Heike Mutter et Ulrich Genth et se trouve sur un ancien laitier au Sud de Wannheim.

Gegen den Strom: Mehr als 45 Prozent des Stadtgebiets sind Grün- und Wasserflächen. Das weckt die Lust am Radfahren oder Spaziergängen wie hier in Bergheim auf der linken Rheinseite.

Against the steam: More than 45 percent of the city area is green and water spaces. That awakens the desire to go cycling or walking, such as here in Bergheim on the left bank of the Rhine.

Contre le courant : composée à plus de 45 % d'espaces verts et de plans d'eau, la ville incite aux promenades à bicyclette et à pied, comme ici à Bergheim, sur la rive gauche du Rhin.

Die begehbare Achterbahn Tiger & Turtle im Süden der Stadt, getragen von 17 Stützen, erlaubt über 349 Stufen ein Kunstwerk zu besteigen. Bis zur Unterkante des Loopings erreicht man eine Höhe von etwa 80 Meter. Die Aussicht lohnt. Nachts beleuchtet ist das neue Wahrzeichen der Stadt weithin zu sehen.

The walkable roller-coaster Tiger & Turtle in the south of the city, carried by 17 supports; it allows you to walk up the artwork over 349 steps. At the bottom of the loop you reach a height of about 80 metres. The view is well worth it. Lit up at night, the new landmark is visible from afar.

Le grand huit Tiger & Turtle au Sud de la ville est supporté par dix-sept piliers. Cette œuvre peut se découvrir en gravissant ses 349 marches. Une fois arrivé au niveau inférieur du looping, on se trouve à 80 mètres de hauteur, où la vue vaut le détour. Éclairée de nuit et visible de loin, elle est l'un des nouveaux emblèmes de la ville.

Wer nicht nur nach Komplimenten fischt, ist im Sportpark Duisburg bestens aufgehoben. Aber auch die Flüsse, Kanäle, Seen und Hafenbecken bieten ideale Fischgründe: Von Hecht bis Karpfen, von Aal bis Zander.

For those who don't just go fishing for compliments, Sportpark Duisburg is the place to be. But the rivers, canals, lakes, and harbour basins also offer ideal fishing grounds: From pike to carp, from eel to pike-perch.

Ceux qui ne vont pas qu'à la pêche aux compliments peuvent se retrouver au parc Sportpark Duisburg. Ce n'est toutefois pas le seul endroit. Les fleuves, les canaux, les lacs et le bassin portuaire sont également parfaits pour la pêche, du brochet à la carpe, de l'anguille au sandre.

schließlich auf, schüttete die Senke zu und errichtete darauf einen Berg. Immerhin 70 Meter hoch und beschaulich begrünt. Der Blick von hier oben rückt das Panorama der Industrie in den Mittelpunkt. Ja, den Rhein kann man hier auch sehen. Doch es ist vor allem das Stahlwerk von ThyssenKrupp, das in seinen Bann schlägt und Hochgefühle beim Betrachter auslöst.

Das ganze Ruhrgebiet in Grün und Grau können Weitsichtige bestaunen, die sich auf die Aufsichtsplattform des Hochofens 5 im Landschaftspark Nord begeben. 65 Meter hoch und mit unverstellter Aussicht. Mehr Revier geht nicht. Alle Höhen und Tiefe eines Lebensraums der Kontraste auf 360 Grad. Um den Satz auf dem Giebel des Theaters noch einmal aufzugreifen: „Hast du das große Spiel der Welt gesehen, kehrst du umso reicher selbst in dich zurück." Das „große Spiel" Duisburgs und des gesamten Ruhrgebiets – auf dem Gitterost eines erloschenen Hochofens stehend – es lässt wahrlich jeden reicher in sich selbst zurückkehren. Man muss kein Lokalpatriot sein, um das zu sagen. Das ist erprobt, denn diese Sehenswürdigkeit ist bei Touristen ähnlich beliebt wie eine Tour auf den Turm des Kölner Doms.

Nationale Spitzenwerte Die beiden Schornsteine des Hüttenwerks in Bruckhausen (links im Bild) sind mit 250 Metern in Deutschland unübertroffen, jedenfalls wenn es um Stahlwerke geht. Und auch die beiden Hochöfen Schwelgern 1 und Schwelgern 2 sind mit 110- und 95 Meter Höhe wahrhaft herausragend in Europa. Der schlanke Riese rechts gehört zum Kraftwerk in Walsum. 300 Meter misst er und belegt Platz vier in der Liste der höchsten Kamine Deutschlands. Der Unterschied zum Spitzenreiter beträgt nur sieben Meter.

National peak values: The two chimneys of the smelting plant in Bruckhausen (on the left in the photo) are the tallest in Germany at 250 metres, at least when it comes to steelworks. Also the two blast furnaces, Schwelgern 1 and Schwelgern 2, at 110 metres and 95 metres, are truly outstanding in Europe. The slim giant on the right belongs to the power plant in Walsum. It measures 300 metres and ranks fourth on the list of Germany's highest chimneys. The difference to the tallest is only 7 metres.

Championnes allemandes. Avec leurs 250 mètres de hauteur, les deux cheminées du haut fourneau de Bruckhausen (à gauche sur la photo) sont les plus hautes d'Allemagne, du moins quand il est question d'aciéries. Il en va de même pour les hauts fourneaux Schwelgern 1 et Schwelgern 2 qui mesurent respectivement 110 et 95 mètres, quasiment uniques en Europe. La géante qui s'élance sur le côté droit de la photo est celle de la centrale nucléaire Walsun. Avec ses 300 mètres de hauteur, elle occupe la 4e place des cheminées les plus hautes d'Allemagne, à 7 mètres seulement de la plus haute.

Blick auf die ehemaligen Anlagen eines Hüttenwerks im Landschaftspark Nord. Gesehen übrigens von der Plattform 5 des Hochofens im Landschaftspark Nord.

A view of the former facilities of a smelting plant in the landscape park Duisburg North. Seen here, by the way, from platform 5 of the blast furnace in the park.

Vue sur les anciennes installations d'un haut fourneau depuis la plateforme 5 du haut fourneau du Landschaftspark Nord.

HEIMAT UND WELT

Der Reviermensch ist keineswegs ein Einzelgänger. Etwa 5 Millionen Menschen leben in diesem Ballungsraum. Aus Anlass der Kulturhauptstadt 2010 verwandelte sich die Autobahn A40 in ein „Still-Leben" für Fußgänger.

Coalfield folk are by no means loners. About five million people live in this conurbation. On the occasion of being the European Capital of Culture 2010, the A40 motorway was transformed into a "still life" for pedestrians.

Solitaires, les gens du pays ? Certainement pas. Environ 5 millions de personnes peuplent la région. À l'occasion des festivités de la capitale de la culture 2010, l'autoroute A 40 s'est transformée en une immense zone piétonnière.

Auf Ruhrgebietsmenschen klebt Pfand. So heißt es. Mobilität ist also normal. Wer hier einmal war, den zieht es durchaus in die Fremde. Die Stadt schrumpft. Von fast 600.000 Bewohnern im Jahr 1975 auf inzwischen weniger als 500.000. Doch wenn der anfängliche Satz stimmt, dann kommt sie oder er wieder. Irgendwann.

Anderswo ist es gewiss auch schön. Aber eben nicht wie in Duisburg. Das Revier kann Heimat sein. Ist Heimat – für die meisten nicht seit ewig, für viele jedoch für immer. Jedes zweite Kind, das in Duisburg zur Welt kommt, hat inzwischen eine „Migrationshintergrund", wie es heißt. Ob die Wurzeln türkisch, polnisch, russisch oder rumänisch sind, die Äste recken sich in den Duisburger Himmel.

Menschen ins Revier zu bringen, braucht mitunter Anstrengung. Was will man da? Unter einer Rauchglocke in einem Landstrich, der Probleme sammelt wie andere Briefmarken. Doch Vorsicht, einmal da – ob gezwungen oder freiwillig, ob voller Hoffnung oder aus Verzweiflung- also wer nun schon mal hier ist, will nicht wieder weg. Anderswo war es auch nicht schlecht, aber eben nicht wie hier. Man verliebt sich in die Stadt, erst heimlich und dann unheimlich.

So schwer es oft ist, Duisburg als Ziel anzuwählen, so leicht lässt sich die Stadt finden und erreichen. Kein anderer Ort in Deutschland, Düsseldorf mal abgesehen, ist so gut erreichbar. Von Paris, Amsterdam, Brüssel und Berlin reist man mühelos nach Duisburg. Und

So typisch wie Currywurst mit Pommes sind die Trinkhallen im Kohlenpott. Das Schlüsselwort für Kinder jeder Herkunft lautet: Bude oder auch Büdchen. Eine der schönsten sieht man in Ruhrort an der Amtsgerichtsstraße.

As typical as "curry wurst" with French fries – the drinking halls in the "coal pot" coal-mining area. The key word for children from different backgrounds is "Bude" (shack) or "Büdchen" (little shack). One of the prettiest can be seen in Ruhrort on Amtsgerichtsstrasse.

Dans le bassin de houille, les traditionnelles buvettes sont aussi connues qu'ailleurs les saucisses accompagnées de frites. Les enfants d'ici ou d'ailleurs savent bien qu'on les appelle « Bude » ou « Büdchen » (baraque). L'une des plus jolies de la région de la Ruhr se trouve dans la rue Amtsgerichtstraße.

Stephan Killewald (der Mann im Fenster) und seine Frau betreiben ein Stück Heimat. Denn an einer Bude werden nicht nur Zeitungen gekauft. Hier trifft man sich auch um neueste Nachrichten von Mensch zu Mensch auszutauschen.

Stephan Killewald (the man at the window) and his wife run a piece of home. For at a "Bude" shack not only newspapers are sold. This is also where you meet to exchange the latest news from person to person.

Stephan Killewald (l'homme à la fenêtre) et sa femme perpétuent un bout de tradition locale. On ne vient pas ici que pour y acheter son journal, on s'y retrouve également pour parler des dernières nouvelles.

das sind nicht die einzigen Bande in die Ferne, die sich knüpfen. Die Autobahnen durchschneiden die Stadt von Ost nach West und von Nord nach Süd. Die Flugzeuge vom Flughafen in Düsseldorf gehören zum inzwischen blauen Himmel über der Ruhr dazu. Weltoffenheit wird zum Wesensmerkmal, ist quasi naturbedingt.

Nicht zu vergessen: Eine Hafenstadt hat einen natürlichen Hang zum Verbinden, zum Schauen über den Horizont und den Tellerrand hinaus. Direkt nach dem Krieg war die Städtepartnerschaft mit dem englischen Portsmouth die erste überhaupt in Deutschland. Die Übergänge sind allenthalben fließend. Was Besucher immer wieder erstaunt: Wer nicht aufpasst, steht innerhalb von Sekunden in der Nachbarstadt. In Mülheim, in Oberhausen, in Düsseldorf oder in Moers. Einzigartig machen Stadt

Schleusentore zur Welt: Die Ruhr mündet nach 220 Kilometern in Duisburg. Auf dem letzten Stück vor der Einfahrt in den Hafen gilt es eine „Treppenstufe" von maximal 7,33 Meter (je nach Rheinwasserstand) zu überwinden. Pro Jahr passieren etwa 19.000 Schiffe diese Schleuse.

Floodgates to the world: The Ruhr flows into Duisburg after 220 kilometres. On the last part before it enters the harbour, it is necessary to overcome a "step" of max. 7.33 metres (depending on the Rhine water level). Per year about 19,000 ships pass through these locks.

Les écluses, portes sur le monde : après 220 kilomètres, la Ruhr débouche sur Duisbourg. Avant de pénétrer dans le port, une dernière étape doit être franchie. Selon le niveau du Rhin, la « marche à grimper » peut atteindre 7,33 mètres de hauteur. Environ 19 000 navires passent cette écluse tous les ans.

200
Hängegerüst

Fährmann – hol über: Bei Walsum verkehrt die Rheinfähre „Glück auf". Alle 20 Minuten quert sie den Rhein zwischen dem nördlichsten Stadtteil Duisburgs und der Stadt Orsoy. 350 Meter Wasserweg, den seit 1958 nicht nur Radfahrer auf Niederrhein-Tour genießen.

Ferryman – fetch me across: At Walsum the Rhine Ferry "Glück auf" goes over the river. Every 20 minutes it crosses the Rhine between the northernmost district of Duisburg and the town of Orsoy. A 350-metre waterway, which not only cyclists on a Lower Rhine tour have been enjoying since 1958.

Le bac « Glück auf » près de Walsun traverse le Rhin toutes les 20 minutes entre la partie la plus au Nord de Duisbourg et la ville d'Orsoy. Depuis 1958, les 350 mètres qui séparent les deux rives ne font pas que le bonheur des cyclistes.

und Region, dass die Grenzen zwischen „Wir" und „Ihr" vor allem Beamten im Katasteramt vertraut sind.

Eine Stadt mit Universität kann zudem auf junge Menschen aus fremden Gegenden zählen. Und eine Metropole mit Industriegeschichte wirkte anziehend auf „Gastarbeiter", die Arbeit suchten und dann eben Heimat fanden.

Entlang der Kompassnadel oder vielleicht auch des Reisepasses: Wer an einem Sommerabend über den Hamborner Altmarkt schlendert und dabei der türkischen „Community" beim gemeinsamen Erleben des Vergehens von Zeit beobachtet, spürt so ein Heimatgefühl. Eins, dass aus einer anderen Welt kommt. Nicht zum ersten Mal. Wer den Weg auf sich nimmt, die alten Bergwerkssiedlungen zum Beispiel „Rheinpreußen" in Homberg-Hochheide anzuschauen, entdeckt die großen Gärten. Bewusst groß gehalten. Für ein Stück Landwirtschaft vor der eigenen Tür. Erinnerungen an die Zeit, als die Arbeiter aus den Dörfern in die Stadt kamen. Nicht in Mietskasernen wollten sie wohnen, sondern an Orten, die eine Ahnung von ihrer alten Heimat vermittelten.

Was Heimat bedeutet, erzählt sich überall in der Stadt anders: Im Westen in Rheinhausen schwärmen die Menschen vom Toeppersee und dem Volkspark, vom Markt, vom Spaziergang auf dem Rheindeich und dem alten Lehrerhaus in Friemersheim und natürlich von der Weite des Niederrheins. Homberg nannte sich einst die Stadt im Grünen. Nicht ohne Grund.

Im Norden sind es die Rheinauen oder die Fähre, die allen Brückenbauten zum Trotz Tag für Tag Autofahrer und Radler von einer Seite des Stromes auf die andere bringt. Vom Walsumer Wasser, das dem Namen nach aus einer Rheinfelsquelle entspringt, und von der Bergbaugeschichte, die überall im Stadtteile ihre Spuren dauerhaft legte. Solche Heimatgeschichten lassen sich mühelos fortschreiben.

Und immer ist es das Quartier, die enge Nachbarschaft, die dabei

Das Herz der Stadt als Postkartenbild. Der König-Heinrich-Platz mit seinen schwebenden Gärten und dem Theater Duisburg.

The heart of the city as a picture postcard. King Henry square with its floating gardens and the Theater Duisburg.

Le cœur de la ville comme motif de carte postale : la place König-Heinrich-Platz et ses jardins suspendus et le théâtre de Duisbourg.

Oben links: Die Königstraße, nicht so berühmt wie die Kö in Düsseldorf, aber durchaus der Laufsteg einer Großstadt.

Above left: Königstraße – the king's street, not as famous as the Kö in Düsseldorf, but it is indeed the city's catwalk.

En hautà gauche : La rue Königstraße, moins célèbre que son homologue la « Kö » de Düsseldorf, cette artère piétonnière digne d'une grande ville n'a pas à pâlir.

Der Life-Saver Brunnen des Künstler-Ehepaars Niki de Saint Phalle und Jean Tinguely setzt einen prallbunten Akzent auf der Brunnenmeile, der Königstraße, mit Banken und Geschäften.

The Life-Saver fountain by the artist couple Niki de Saint Phalle and Jean Tinguely sets a brightly coloured accent on the fountain mile, Königstraße, with banks and shops.

Réalisé par le couple d'artistes Niki de Saint Phalle et Jean Tinguely, la fontaine « Life Saver » est une explosion de couleurs sur le passage de la fontaine, rue Königstraße, où se côtoient banques et commerces.

Wasserspielplatz mitten in der City. Auf dem König-Heinrich-Platz spritzt das kühle Nass aus 160 Düsen aufs Pflaster. Das Motiv Wasser prägt die Haupt-Einkaufsstraße, die auch Brunnenmeile genannt wird.

Water playground in the middle of the city. On King Henry square the cool wetness sprays out of 160 jets onto the ground. The water theme also characterizes the main shopping street, also called the fountain mile.

Jeux d'eau au cœur de la ville. Sur la place König-Heinrich-Platz, pas moins de 160 buses font rejaillir l'eau sur l'asphalte. L'eau est le leitmotiv de la principale rue commerçante, également appelée passage de la fontaine.

Oben rechts: Der König-Heinrich-Platz- hier mit dem Duisburger Musiker Jupp Goetz - wird zum Jazz-Spielplatz.

Above right: King Henry square – here with the Duisburg musician Jupp Goetz – becomes a setting to play jazz.

Ci-dessus à droite : le musicien de jazz duisbourgeois Jupp Goetz crée l'ambiance sur la place König-Heinrich-Platz.

Unten: Der Blick von der Bühne zeigt links das CityPalais mit Kongress-Räumen, rechts das Land- und Amtsgericht und im Hintergrund das Einkaufszentrum FORUM.

Below: The view from the stage shows the CityPalais with congress rooms, on the right the regional and local court, and in the background the FORUM shopping centre.

Ci-dessous : vue depuis la scène sur le CityPalais sur la gauche et ses salles de congrès, le tribunal d'instance sur la droite et le centre commercial Forum au fond.
Mobilität charakterisiert die Stadt.

im Mittelpunkt steht. Das Herz der Stadt, es schlägt im Zentrum. Mit dem Forum als Einkaufszentrum, dem König-Heinrich-Platz mit Blick aufs Stadttheater, der Königstraße mit dem Lebensretterbrunnen von Niki de Saint Phalle und den anderen Wasserspielen der Brunnenmeile. Den Puls der Stadt aber fühlt man in den Bezirken. Im grünen Baerl, im wasserblauen Wedau oder im ländlichen Rumeln oder in der backsteinroten Dickelsbachsiedlung. So bleiben die Kreislaufwerte stabil.

Zur neuen Heimat – und das sei mit der Freude am schrägen Bild erzählt – ist die Stadt nicht allein den Menschen geworden. Der Zoo Duisburg mit über einer Million Besuchern im Jahr sieht sich weniger als Tierpark. Vielmehr als „Arche am Kaiserberg". Tiere aus sechs Kontinenten haben im Zoo Heimat gefunden. Koalas aus Australien, deren Futter täglich frisch aus Ozeanien eingeflogen wird. Tiger aus Asien, Murmeltiere aus Afrika, Pinguine von der Antarktis und Delfine, die zum Wahrzeichen des Zoos geworden sind. Sie alle sind hier Zuhause, nicht nur als „Neu-Duisburger", vielmehr als „Eingeborene". Dank der Zuchterfolge, die übrigens ein Zeichen sind, dass auch die tierischen Weltbürger in Duisburg Heimat finden. Wer sich ein Nest baut, will bleiben.

Liebesbeweise aus dem Souvenirshop. Durchschnittlich 2,1 Tage bleibt ein Besucher in der Stadt. Jeder fünfte Übernachtungsgast kommt dabei aus dem Ausland.

Love tokens from a souvenir shop. A visitor stays in this city for 2.1 days on average. Every fifth overnight visitor comes from outside Germany.

Témoignages d'affection au magasin de souvenirs. Un touriste séjourne en moyenne 2,1 jours dans la ville et un visiteur sur cinq vient de l'étranger.

Oben links: Duisburg strahlt – wie hier auf der Beecker Kirmes, dem größten Volksfest am Niederrhein.

Above left: Duisburg shines – such as here at the Beecker Kirmes, the largest fun fair on the Lower Rhine.

Ci-dessus, à gauche : Duisbourg étincelle de mille feux, comme ici à la fête foraine à Beecker, la plus importante fête populaire sur le Rhin inférieur.

Mobilität charakterisiert die Stadt. Nur Düsseldorf ist deutschlandweit so gut erreichbar wie Duisburg. Das macht sie so attraktiv für die Logistik-Branche (und für Käfer-Liebhaber).

Mobility characterizes the city. In Germany, only Düsseldorf is as accessible as Duisburg. This makes it so attractive to the logistics industry (and for Beetle lovers).

La mobilité caractérise la ville. Dans toute l'Allemagne, seule la ville de Düsseldorf est aussi accessible que Duisbourg. C'est ce qui rend la ville si attrayante pour le secteur de la logistique (et les amateurs de coccinelles).

Mitte: Ohne Bier geht nichts im Revier: Die Marke der Heimat wird nach seinem Brauort schon mal liebevoll „Beecker Champagner" genannt.

Middle: Nothing happens without beer in the coal fields: The local brand is sometimes affectionately called "Beecker Champagne" after the place where it is brewed.

Milieu :sans bière, on ne peut rien faire ! La marque de bière locale est affectueusement appelée « Beecker Champagner » en raison du lieu où elle est brassée.

Die letzte Zeche schloss 2008. Die Tradition des Bergbaus bleibt. Noch immer spielen Bergwerkskapellen ihre „Volksmusik".

The last colliery closed in 2008. The mining tradition remains. Mining bands still play their "folk music".

Alors que la dernière mine a fermé en 2008, la tradition minière perdure. La chorale des mines se produit encore de nos jours.

Rheinischer Karneval im Ruhrgebiet beim Rosenmontagszug durch die City.

Rhineland carnival in the Ruhr region during the Shrove Monday Parade through the city centre.

Le carnaval rhénan dans la région de la Ruhr lors du défilé du mardi gras à travers la ville.

FEIERN UND ARBEITEN

Seite 55 unten: Ganz schön spannend. Der Hafen mit seinem Tanklager und die Schwerindustrie beherrschen beim Blick gegen Norden die Skyline.

Page 55 below: Rather exciting. The harbour with its tank storage facility and heavy industry dominate the skyline when you look north.

Page 55, ci-dessous : impressionnant. Le port avec ses dépôts de carburant et l'industrie lourde dominent le paysage quand on regarde vers le Nord.

Im Ruhrgebiet sagt man mit Freude am windschiefen Format: „Wer feste arbeiten kann, der kann auch Feste feiern." Dass in Duisburg nach wie vor hart malocht wird, bestreitet niemand. Und was das Feiern angeht… Auch da bemühen wir noch einmal den Sprachschatz des Landstrichs: „Mein lieber Scholli!"

Die Arbeit an sich hat einen eigenen Stellenwert im Ruhrgebiet, das durch den Wandel der Produktionswelten mit Arbeitslosigkeit zu kämpfen hat. Arbeit ist hier immer mehr als Job, sie begründet das Sein. Denn kaum jemand lebt im Ruhrgebiet, weil er die Ruhr als besonders schön, die Bäume als besonders grün empfindet. Die Arbeit brachte die Menschen seit über 150 Jahren nach Duisburg. Das prägt: Es ist das Tun, das über das schiere Sein regiert.

Nicht als Einzelner, sondern als Mannschaft, in der Zusammenarbeit. Nach Kohle graben ist keine Aufgabe für Solokünstler. Damit gehört auch Verlässlichkeit zu den Kerntugenden des Reviermenschen. Das Wort „Zusammenstehen" hat seinen eigenen Klang. Diese Vertrautheit zeigt sich dann ebenfalls, wenn die Menschen voller Freude und mit Freunden zusammenstehen. Beim Feiern zum Beispiel. Nach der Arbeit, vor der Schicht oder am Wochenende.

1855 wurden die ersten Schächte abgeteuft, wie es heißt. Das Graben nach dem Schwarzen Gold, das nicht nur Duisburg für einige Jahrzehnte groß und reich machte, ist mit Namen wie Morian, Grillo, Thyssen, Krupp und Haniel verbunden. Für eine Zeit vermutete man gar (irrtümlich) in

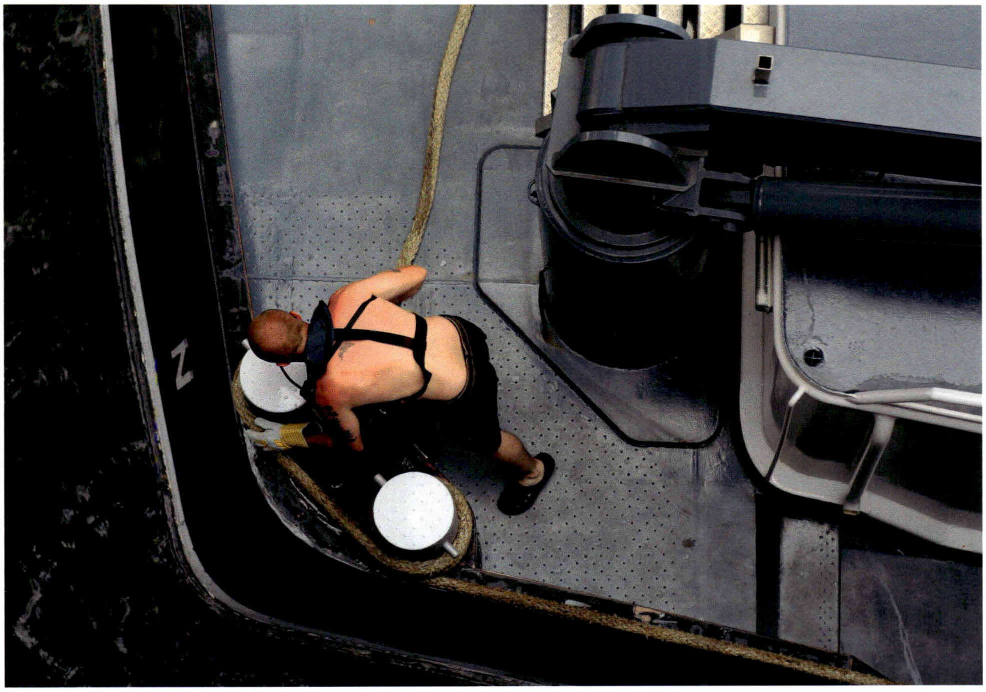

Moderne Technik hat auch auf den Binnenschiffen die Arbeit erleichtert. Nach wie vor aber ist Handarbeit und körperlicher Einsatz an Bord gefragt.

Modern technology has simplified work on the inland water vessels, too. Nevertheless, manual labour and physical effort are still required on board.

Même si le progrès technique a facilité la vie à bord des navires, l'effort physique et le travail manuel restent une nécessité.

Lebensfreude in einer liebenswerten Stadt.

Lust for life in a lovable city.

Joie de vivre dans une ville chaleureuse.

Streifen zeigen für den MSV: Der Fußball-Klub aus Meiderich ist Teil der Stadtidentität.

Showing their strip for the MSV: The football club from Meiderich is a part of the city's identity.

Porter les couleurs du MSV : le club de foot de Meiderich fait partie de l'identité de la ville.

Duisburg bewegt: Das Autoterminal auf dem Logportgelände als „Riesenparkplatz“ am Rhein. Von hier geht es zu den Händlern in der Region oder per Zug bis China.

Duisburg moves: The car terminal on the Logport grounds as a "giant parking lot" on the Rhine. From here they go to dealerships in the region or by train all the way to China.

Duisbourg bouge : le terminal de voitures sur le Logport, un parking géant près du Rhin. D'ici les voitures sont acheminées vers les concessionnaires de la région et par train jusqu'en Chine.

Duisburg das westliche Ende der Kohlenflöze. Kurzerhand erhielt eine der Zechen in Meiderich den Name „Westende“. Für die ganze Stadt ist das „West-Ende“ der Kohleförderung längst gekommen.

Die Schwerindustrie ist geblieben, wenn auch mit deutlich weniger Arbeitern. In der Hymne des heimischen Fußball-Vereins MSV Duisburg heißt es: „Früher war hier nur Kohle, früher war hier nur Stahl.“ Heute ist das anders. Die Logistikbranche boomt, denn der Hafen wirkt wie ein Magnet auf Spediteure, ob sie per Bahn, mit dem Schiff oder über die Straße ihre Güter auf den Weg bringen. Über 30.000 Menschen sind mittelbar oder unmittelbar mit dem Hafen „dienstlich“ verbunden. Vom Kranfahrer bis zur Frau an der Imbissbude, wo die Trucker morgens ihren ersten Kaffee trinken.

Mit dem Fassanstich durch den Oberbürgermeister beginnt die Beecker Kirmes. Der Transport des „kühlen Blonden“ ist übrigens „kein Ding“: Es kommt von nebenan.

The Lord Mayor traditionally starts the Beecker fun fair by tapping the first barrel. The transport of this “cool blonde” liquid is no big deal, by the way: It comes from right next door.

C’est avec l’ouverture officielle du premier fût par le maire que commence la fête de Beecker. Le transport de la belle blonde ne pose d’ailleurs aucun problème, elle vient juste d’à côté.

Oben links: Eine königliche Marke, gebraut und abgefüllt in Duisburg.

Above left: A royal brand, brewed and bottled in Duisburg.

Ci-dessus à gauche : une marque royale, brassée et mise en bouteilles à Duisbourg.

Das Volksfest in Beeck wurde 1539 zum ersten Mal erwähnt. Einen Hochofen im Hintergrund des damals noch ländlichen Örtchens gab es selbstverständlich noch nicht.

The fun fair in Beeck was mentioned for the first time in 1539. A blast furnace in the background didn’t exist at that time, in what was then a rural village.

La fête populaire de Beeck fut mentionnée pour la première fois en 1539. Bien sûr, il n’y avait alors pas encore de haut fourneau dans le paysage.

Rhein in Flammen beim Ruhrorter Hafenfest. Das Feuerwerk zum Auftakt der sommerlichen Feiertage lockt mehrere 100.000 Besucher an.

Rhine in flames at the Ruhrort harbour festival. The fireworks at the start of the summer holidays attract more than 100,000 visitors.

Le Rhin s'embrase à l'occasion de la fête du port. Le feu d'artifice sonne l'arrivée de l'été et attire plusieurs centaines de milliers de visiteurs.

Den Sommer in der City ganz entspannt genießen. Die Cafés und Restaurants im Wasserviertel, das zur Innenstadt gehört, laden dazu ein.

Enjoy a most relaxed summer in the city. The cafés and restaurants in Wasserviertel, which is part of the inner city, are very inviting.

Profiter de l'été dans le centre-ville. Les cafés et restaurants du quartier d'eau y invitent.

Zu den 20 größten Arbeitgebern gehört das Chemie-Unternehmen Sachtleben, die Targobank sowie Siemens und die Universität Duisburg-Essen. Die Uni, die sich uncharmant aber reviertypisch knapp U-D-E nennt, zählt zu den 100 führenden jungen Wissenschaftsschmieden in der ganzen Welt. Nano-Technik und das Binnenschifffahrtswesen sind nur zwei ihrer Schwerpunkte. Mehr als 37.000 Studierende nutzen die Hörsäle und Laboratorien der Zwei-Städte-Uni.

Die bundesweit bekannte Biermarke König-Pils hat in Beeck ihren Sitz, Haniel in Ruhrort, ThyssenKrupp Steel Europe seine Zentrale in Hamborn. Mitsubishi Hitachi mit Sitz im Innenhafen gehört ebenfalls zu den großen Unternehmen. Der Softdrink-Hersteller Sinalco hat seine „Rheinfels Quellen" in Walsum. Der Touristiker Schauinsland-Reisen nutzt den Duisburger Innenhafen als Quartier. Markennamen „made in Duisburg". Ja, es wird feste gearbeitet.

Und es werden Feste gefeiert. In Beeck zum Beispiel das größte Volksfest am Niederrhein, die Beecker Kirmes mit Achterbahn und Bratwurst, mit Lebkuchen-Herz und Fassbier-Anstich (natürlich von König). Der Jahrmarkt hat durchaus so etwas wie Tradition. 2014 verwandelte sich die „Beecker Kuhle" zum 475. Mal in einen Rummel. So jedenfalls die offizielle Zählung. 1539 wurde die Kirmes das erste Mal urkundlich erwähnt und ist damit auch

Die größte Drachenboot-Fun-Regatta der Welt sorgt im Duisburger Innenhafen für Volksfest-Stimmung im Takt der Trommeln. Jedes Rennboot hat einen echten Schlagmann oder eine echte Schlagfrau mit an Bord.

The biggest dragon-boat fun regatta in the world brings a festive atmosphere to Duisburg's inner harbour with the beat of its drums. Each racing boat has a real drummer on board.

Au son des tambours, la plus grande régate de bateaux-dragons au monde crée une ambiance de fête à Duisbourg. Chaque bateau a son propre batteur ou sa propre batteuse.

Stimmungsvoller Jahresausklang: Der Duisburger Weihnachtsmarkt mit Riesenrad und Eisbahn lockt Gäste vom ganzen Niederrhein und aus den Niederlanden in die Innenstadt.

Impressive year: Duisburg's Christmas market with its ferris wheel and railway attracts visitors from all over the Lower Rhine, and from the Netherlands, into the inner city.

Ambiance festive de Noël : le marché de Noël du centre-ville de Duisbourg avec sa grande roue et sa patinoire attire des visiteurs de toute la région du Rhin inférieur et des Pays-Bas voisins.

das älteste Volksfest der Region. Ende August drehen sich hier die Karussells. In früheren Jahren war die Kirmes zudem die Richtschnur für einen Leckerbissen: Der erste Pflaumenkuchen des Jahres kam zum Jahrmarktstag auf den Tisch.

Aus der „Kuhle" an den Kai: Denn eine Hafenstadt braucht auch ein Hafenfest. Mit Jahrmarkt und Bühnenprogramm, mit Hafenchor und allem, was den Besucher einmal die Leinen los lassen lässt. Am Rande der Kais und auf der Mühlenweide, die bei Hochwasser dem Rhein als „Zustellbett" dient. Den Höhepunkt gibt es ganz zu Beginn. Das Feuerwerk „Rhein in Flammen" und dem funkelnden Wasserfall von der Friedrich-Ebert-Brücke zwischen Ruhrort und Homberg. Auch in Ruhrort feiert man im August, wie überhaupt die wärmeren Tage dazu verleiten, das Leben als Fest zu feiern.

Das Wetter ist weit weniger verlässlich als der Menschenschlag, auch wenn Duisburg dank Niederrheinlage, Meernähe und Industrie (noch) gemeinsam mit Heidelberg offiziell die wärmste Stadt Deutschlands ist. Durchschnittstemperatur: 10,9 Grad.

Bei einer Tasse Glühwein kommt man sich näher und entdeckt schnell, warum es am Rhein so schön ist.

Over a cup of mulled wine people quickly become closer and soon discover why it is so lovely at the Rhine.

Un verre de vin chaud rapproche et l'on découvre alors très vite pourquoi il fait si bon vivre aux abords du Rhin.

Den Sommer in der City genießt der Duisburger in der Innenstadt beim Stadtfest, das von einem Eishockey-Verein organisiert wird. Man hat ja Zeit. Oder beim Weinfest, noch bevor die Lese an Rhein, Mosel, Saar und Ruwer beginnt. Ein fürstliches Vergnügen gleich auf der Königstraße, der Einkaufsstraße und Partymeile. Eben auf diesem Wegstück nimmt sie zum Auftakt des Feierjahres die Besucher beim Matjesfest an den Haken. Der junge Hering rollt dann gleich tonnenweise an und mopst sich die Aufmerksamkeit der Duisburger. Man ist halt mitten in Europa und besonders nahe an den Niederlanden. Warum das nicht feiern?

Ein Anlass findet sich immer. Dazu zählen auch über 200 Drachenboote, die im Innenhafen das sonst stille Wasser aufpeitschen. Im Guinness-Buch der Rekorde ist der Spaß als größte Fun-Regatta der Welt eingetragen. Über 100.000 Besucher lassen sich den Wasserspaß nicht entgehen, dabei zuzuschauen, wie die Paddler zum Takt der Trommel ihr Boot vorantreiben.

Und noch eine Grenzerfahrung: Der Karneval mit seinem Rosenmontagszug. Duisburg ist die jecke Hochburg des Ruhrgebiets - weil es auch Teil des närrischen Rheinlands ist.

Nach so vielen Feiertagen klingt das Jahr mit dem Weihnachtsmarkt aus. Vom Riesenrad aus schaut es sich stimmungsvoll auf die festlich geschmückte Budenmeile, saugt sich der Duft von Glühwein aus der Luft. Schlendern statt eilen, genießen statt hetzen, schauen statt starren. So stimmt man sich ein aufs Fest und auf ein neues Jahr. Das sicher Arbeit macht, und die Freude am Feiern weckt.

FEUER UND WASSER

Das Abgießen der Schlacke im Hüttenwerk HKM in Hüttenheim macht die Nacht zum Tag. Das leuchtende Orange der Glut ist weithin sichtbar.

Pouring off the slag in the HKM smelting plant in Hüttenheim turns the night into day. The shining orange of the blaze is visible from afar.

La coulée de laitier au haut fourneau HKM à Hüttenheim embrase la nuit comme s'il faisait jour. La couleur orange vif de la braise est visible de loin.

„1.000 Feuer in der Nacht haben uns das Glück gebracht." Das königsblaue Fußballlied aus dem Ruhrgebiet bringt die Elemente ins Spiel. Längst sind es nicht mehr 1.000 Feuer. Doch nach wie vor leuchten die Stahlschmieden den Duisburgern heim. Nicht mit Feuer, aber mit mehr als 1.000 Scheinwerfern, die bei Nacht die raumgreifenden Anlagen erhellen und die Sterne überstrahlen.

An keinem Standort in Europa wird mehr Eisen und Stahl produziert als hier an Rhein und Ruhr. Die Feuer brennen in Hüttenheim bei den Hüttenwerken Krupp Mannesmann (HKM) und bei ThyssenKrupp Steel Europe in Bruckhausen. Allein der „Schwarze Riese", bei seiner Einweihung 1973 der größte Hochofen der westlichen Welt, kochte in über 40 Jahren mehr als 120 Millionen Tonnen Roheisen aus dem Erz. 110 Meter ist er hoch. Sein 20 Meter kleinerer und roter Bruder „Schwelgern 2" ist mit 4800 Kubikmeter Ofenraum inzwischen der größte seine Art in Europa. Und brannte 21 Jahre lang Tag und Nacht. Dann machte er eine Pause, um seit September 2014 auf die nächste Jahrzehnte lange „Ofenreise" zu gehen. So nennt man das „Dauerfeuer" in einem Hochofen. Die zwei Kamine, die zum Komplex gehören, recken sich daneben 250 Meter hoch in die Luft. Solche Größe bleibt nicht unerkannt. Die Fahrt in den Norden rückt die Skyline der Industrie vollformatig ins Panorama.

Mit über 17.000 Arbeitsplätzen ist die Stahlindustrie nach wie vor der

Die Industrie als Kulisse, mit Kaminen und Kühltürmen und den Krananlagen des Logistikzentrums Logport2 - zu sehen im südlichen Wanheim.

wichtigste Arbeitgeber in der Stadt. Zum Beispiel beim weltgrößten Stahlproduzenten ArcelorMittal. In Ruhrort zieht man mit 120 Metern pro Sekunde Draht auf Europas modernster Drahtstraße. Geschmeidig gemacht in der Gluthitze eines mächtigen Ofens.

Der Stoff, aus dem das Wirtschaftswunder nach dem Zweiten Weltkrieg war, es wurde an Rhein und Ruhr erzeugt. Bis heute beliefern die Werke die Industrie mit dem Werkstoff des modernen Lebens. Ohne Stahl keine Autos, kein Strom, keine Motoren, keine Wolkenkratzer. Ein bisschen Duisburg steckt quasi in allem, was uns bewegt. Aus Erz wird Eisen und aus Eisen wird Stahl, der vom Hafen in die Welt geht. Deshalb sind die Feuer ohne das Wasser nicht denkbar.

Rund und um die Uhr rollen die Kräne im Hafen, greifen die Kräne zu. Europas größte Anlegestelle im Binnenland kennt keinen Feierabend an seinen 40 Kilometer langen Ufern. Nie, nicht an Weihnachten, nicht an Ostern und an keinem anderen Tag (oder keiner anderen Nacht) im Jahr. Schiffe legen an und werden gelöscht und wieder beladen. Aus Spanien kommend, aus England oder aus Rotterdam und Antwerpen. LKW nehmen Container auf und transportieren die Fracht ins Land. Züge rollen ein und fahren weiter – bis nach China. 20.000 Schiffe sind es pro Jahr. 16.000 Züge werden hier abgefertigt.

Drei Millionen Container „fassen" die Kräne pro Jahr an. Bei einer Länge von etwa 22 Meter ergäbe sich anein-

Industry as scenery, with furnaces and cooling towers and the cranes of the logistics centre Logport2 – all this can be seen in southern Wanheim.

L'industrie comme décor. Au Sud de Wanheim, le centre logistique Logport 2 avec ses cheminées, ses tours de refroidissement et ses grues.

Die Großhochöfen von Thyssen-Krupp vor der malerischen Kulisse eines Parks in Hamborn.

The large-scale blast furnace of Thyssen-Krupp in front of picturesque park scenery in Hamborn.

Les grands hauts fourneaux de ThyssenKrupp et le paysage bucolique d'un parc à Hamborn.

Auch wenn die Binnenschifffahrt viel von ihrer Romantik verloren hat, das Gewerbe ist vielfach noch familiär geprägt und erlaubt während der Liegepause im Hafen kurze idyllische Momente an Bord.

Although river boating has lost much of its romance, this trade is in many cases still a family business, and allows short idyllic moments on board during dockside stays.

Même si la voile a beaucoup perdu de son charme, de nombreuses familles savourent les moments de détente dans le port à bord de leur bateau.

Ein Binnenhafen ist mehr als nur Boote: Was aus Rotterdam oder Antwerpen über den Rhein kommt, wird vielfach auf LKW umgeschlagen und rollt über die Schiene zu den Verbrauchern in Westdeutschland.

An inner harbour is more than just boats: Whatever comes from Rotterdam or Antwerp over the Rhine, is often reloaded onto lorries and rolls on railway tracks to consumers in west Germany.

Un port, ce ne sont pas que des bateaux : les marchandises en provenance de Rotterdam ou d'Anvers par le Rhin sont souvent déchargées dans des camions et acheminées par voie ferrée vers les consommateurs en Allemagne de l'Ouest.

3 Millionen Container werden im Duisburger Hafen pro Jahr umgeschlagen. 40 Kilometer Kaimauer gehören zum Zahlenspiel, das den Hafen als den größten in Europa ausweist.

Three million containers per year come through the Duisburg harbour. The 40-kilometre-quay wall is part of the numbers game that proves that this harbour is the biggest in Europe.

Chaque année, trois million de conteneurs sont déchargés dans le port. Avec ses 40 kilomètres de quais, le port est l'un des plus grands d'Europe.

Die Ruhrorter Strickguerilla widmete mit Nadel-Arbeit dem Tatort-Helden ein Straßenschild.

Ruhrort's guerrilla knitters dedicated a street-sign to the hero of the television crime series Tatort, using needle-work.

La communauté des cordeliers de Ruhrort a dédié une plaque de rue au héros de la série policière Tatort.

100 Fähnchen im Wind: der Ruhrorter Flaggenmast auf der Mühlenweide. Eine der wichtigsten Fahnen ist die mit dem alten Schiffergruß „In Gottes Namen".

A hundred little flags in the wind: the Ruhrort flagpole on Mühlenweide. One of the most important flags is the one with the old boatman's greeting "In God's Name".

100 fanions dans le vent : le mât de Ruhrort sur la Mühlenweide. L'un des fanions les plus importants est celui portant l'inscription du vieux salut marin « Au nom de Dieu ».

Die Schifferbörse in Ruhrort auf der Dammstraße direkt am Vincke-Kanal. Früher handelten hier die Partikuliere ihre Frachtraten aus.

Die Schifferbörse in Ruhrort auf der Dammstraße direkt am Vincke-Kanal. Früher handelten hier die Partikuliere ihre Frachtraten aus.

La bourse des bateliers de Ruhrort dans la rue Dammstraße près du canal Vincke-Kanal. Jadis, les particuliers y négocièrent leurs taux de fret.

ander gereiht eine Länge von 66.000 Kilometern. Innerhalb eines Jahres käme man damit anderthalb mal um die ganze Erde. Für Hafenromantik bleibt da keine Zeit. Eine Hafenrundfahrt lohnt sich dennoch unbedingt und eine Stippvisite zu Fuß zum Vincke-Kanal ist nicht zu verachten. Die Zeugen der Beschaulichkeit liegen abseits der Ufermauern. Dafür muss man nach Ruhrort, dort wo die Geschichte des Duisburger Hafens 1716 begann: In den 1930er Jahren lebten hier mehr Millionäre als in ganz Berlin.

Das Rotlichtviertel war von verruchter Berühmtheit und die Gassen so eng, dass die Hausfrau einen Korb mit Wäsche von einem Fenster zur Nachbarin gegenüber reichen konnte. Vergangenheit. Was geblieben ist: Haniel als Weltkonzern, der in einem eigenem Geviert seinen Sitz in Ruhrort behalten hat. Und eher eine kreative Szene, die es runter zum Hafen zieht, das Viertel neu belebt und als Strickguerilla Baumstämme einkleidet. Ein Schimmi-Straßenschild haben sie ebenfalls neu gestrickt.

Hafenflair findet sich dann weiter unten am Rhein. Der Weg führt entlang der Mühlenweide mit ihrem weithin sichtbaren Flaggenmast. Gleich hier findet sich das Gebäude, an dem sich der Pegelstand des Rheins ablesen lässt. Das mächtige Gebäude der Schifferbörse, zeitweise ein Gastronomiebetrieb,

Das Museumsschiff Oscar Huber. Radschleppdampfer befuhren bis in die 1960er Jahre den Rhein. Die Oscar Huber aus dem Jahr 1921/1922 ist der letzte erhaltene Raddampfer auf dem Rhein.

The museum ship Oscar Huber. Paddlewheel steamer tugboats travelled along the Rhine up until into the 1960's. The Oscar Huber from the year 1921/1922 is the last preserved paddlewheel steamboat on the Rhine.

Le bateau-musée Oscar Huber. Les bateaux à roues à aube naviguèrent sur le Rhin jusque dans les années 60. L'Oscar Huber, construit entre 1921 et 1922, est le dernier bateau de ce type sur le Rhin.

Schiffer, Schiffer, wie hoch steht das Wasser: Am Pegel Ruhrort lässt sich der Wasserstand des Rheins elektronisch genau ablesen: Bei Hochwasser ab einem Pegelstand von 11,50 Meter müssen die Schiffe im Hafen bleiben.

Skipper, skipper, how high is the water? At Ruhrort's river level the exact water level of the Rhine can be read electronically. In case of a flood, as of a water level of 11.5 metres, the ships must stay in the harbour.

Batelier, batelier, quel est le niveau d'eau ? À l'indicateur de niveau de Ruhrort, le niveau d'eau du Rhin est mesuré électroniquement et avec exactitude. En période de crue, les bateaux doivent rester à quai quand le niveau dépasse 11,50 mètres.

Der Kölner Bildhauer Lutz Fritsch schuf die Skulptur „Rheinorange", an der Mündung der Ruhr bei Stromkilometer 780. Die 25 Meter hohe und sieben Meter breite Stahlbramme markiert den Schnittpunkt zwischen Ruhrgebiet und Rheinland.

The Cologne sculptor Lutz Fritsch created the "Rhine Orange" sculpture. At the mouth of the Ruhr at river kilometre marker 780. The 25-metre-high and seven-metre-wide steel plate marks the intersection point between the Ruhr region and the Rhineland.

La sculpture Rheinorange du sculpteur colonais Lutz Fritsch. Au kilomètre fluvial 780 à l'embouchure de la Ruhr, ce bloc d'acier de 25 mètres de haut et de sept mètres de large marque la séparation entre la région de la Ruhr et la Rhénanie.

erinnert an die Zeit, als Partikuliere, so heißen die selbstständigen Binnenschiffer, um Frachtraten und Ladungen feilschten.

Direkt davor liegt die Oscar Huber vor Anker. Ein alter Seitenradschleppdampfer, wie sie bis in die 1960er Jahre hinein den Rhein befuhren. Die Oscar Huber, heute ein Museumsschiff, ist die letzte ihrer Art. Unweit davon erlaubt das Museum der Deutschen Binnenschifffahrt, untergebracht in einem Hallenbad aus der Jugendstilzeit, in die Tradition und die Moderne der Flussschiffahrt einzutauchen.

Duisburg ist die Stadt am Rhein. Auf der vollen Länge von 30 Kilometer durchfließt der Strom die Stadt. Bei Rheinkilometer 780 mündet die Ruhr in diesen europäischsten aller Flüsse. Nach einem Hauch mehr als 219 Kilometer. Nicht leicht zu erkennen, denn

auch der mächtige Arm des Hafenkanals entlässt direkt daneben die Schiffe in den großen Strom.

Eine der wichtigsten Wasserstraßen-Kreuzungen der Welt ist deshalb ausgeschildert mit einer mächtigen Bramme. „Rheinorange" heißt die 25 Meter hohe Stahlplatte des Kölner Künstlers Lutz Fritsch. Seit 1992 ist sie das Wegzeichen für den Ort, an dem die Ruhr in den Rhein fließt. Das hell leuchtende Kunstwerk verlangt nach Sonnenlicht, um in vollem Glanz zu strahlen. Und weil sich die Bramme, diese Stahlplatte, erst in der Gluthitze formen ließ, verbindet sie Hafen und Industrie, Feuer und Wasser, Kunst und Industrienatur. Wenn die Schiffer diesen Punkt passieren, wissen sie: Das ist Duisburg. Einfacher kann man es nicht sagen.

Auf dem Weg nach Rotterdam passieren die Binnenschiffe den Zusammenfluss von Rhein und Ruhr.

On the way to Rotterdam the river boats pass the meeting point of Rhine and Ruhr.

En route pour Rotterdam, les bateaux empruntent le confluent de la Ruhr et du Rhin.

SPORT & KULTUR

Der Meidericher Spielverein war Gründungsmitglied der Fußball-Bundesliga und ist nach wie vor ein Werbeträger für die Stadt. Die moderne Arena ist das Biotop der „Zebras", wie die Kicker des MSV Duisburg auch genannt werden.

The Meidericher Spielverein football club was a founding member of the German first football league and is to this day an advertisement for the city. The modern arena is a "habitat for zebras", as the MSV Duisburg kickers are also called.

Le club de foot de Meiderich était l'un des membres fondateurs de la ligue fédérale de football d'Allemagne et reste aujourd'hui un emblème de la ville. Le stade moderne est le terrain de jeu des zèbres, surnom des joueurs du club MSV Duisbourg en raison de leurs maillots striés.

Die Geschichte soll sich vor über 100 Jahren zugetragen haben. Ob sie wahr ist? Ist nicht wichtig. Denn sie ist zumindest wahrhaftig. Ein Geschäftsreisender stieg in Duisburg am Hauptbahnhof aus. Für ein paar Pfennige mietete er sich einen Dienstmann, der ihm die Koffer trug. Kaum auf dem Bahnhofsplatz angekommen, fragte er den tragenden Helfer: „Wo kann man denn hier was erleben?" Der Dienstmann antwortete: „In Düsseldorf!"

Heute gibt es keine Dienstmänner mehr, die für Nachbarstädte werben. Dafür kann man inzwischen in Duisburg selbst eine Menge erleben. Die Stadt bewegt. Mit Sport und Kultur. Mit Lebensart und Lebendigkeit. Von der Tribüne auf das sportliche Geschehen geschaut, bietet sich endlich die Möglichkeit, mit einem Irrtum aufzuräumen. Wer Reportern zuhört, entdeckt, dass Duisburg an dem bekanntesten nicht existierenden Fluss in Deutschland, vielleicht der Welt, liegt.

Die Spieler des MSV Duisburg, einem Gründungsmitglied der Fußball-Bundesliga im Jahr 1963 mit Weltmeister Helmut Rahm (damals im Zebra gestreiften Hemd), werden gern als die Männer von der Wedau beschrieben. Doch, obwohl nur wirklich jede Menge Wasser durch Duisburg fließt, eine Wedau gibt es nicht. Lediglich der Stadtteil, in dem die Schauinsland-Reisen-Arena liegt, heißt so. Das größte, was dadurch

strömt, ist der Dickelsbach. Aber der taugt nun wenig: Wer sagt schon, die Jungs vom Dickelsbach?

In Wedau steht nicht allein das Stadion. Hier schlägt auch das mächtige Sportherz der Stadt. Der Sportpark ist mit 56 Hektar (also rund 56 Fußballfeldern) der größte seiner Art in Deutschland. Rechnet man die direkt verbundene Sechs-Seen-Platte als Segel- und Erholungsrevier mit 283 Hektar hinzu, dann ist dieses Stadt-Areal sogar größer als der Central Park in New York.

Die Familie Krupp schenkte der Stadt einst das Gelände, dessen Boden man nach Kies umgegraben hatte. Es solle zur Erholung und Erbauung der Bürger dienen, heißt es in der Schenkungsurkunde. Aus lauter Dankbarkeit verewigte die Stadt die Familie namentlich: mit der Kruppstraße, der Bertallee und dem Margaretensee.

Innerhalb von fast 100 Jahren entstand eine Regattabahn, auf der die Besten im Rudern und Kanu gern Welle machen. Weltmeister kommen hierher zum Titelfischen. Eine Eishalle, ein Schwimmstadion und ein Leichtathletikstadion bringen überdies Duisburg in Bewegung. Die Sportschule Wedau schmiedet die Talente des Deutschen Fußball-Bundes. Im Sportpark starten mehr als 6.000 Ausdauerkönner beim Rhein-Ruhr-Marathon. Die Universiade 1989 und die World Games 2005 rückten die Stadt ins Zentrum der Sportwelt.

Dabei ist Duisburg auch in der Breite spitze. Mit einer Wasserskianlage, einem Kletterpark und einer Joggingstrecke mit Beleuchtung. Denn Spätschichten sind in Duisburg selbst für Jogger ausgesprochen geläufig. Eine eigene Sportjugendherberge ermöglicht Gäs-

Wenn der MSV spielt, füllen sich die Ränge der Schauinsland-Reisen-Arena, die 31.000 Fans Platz bietet. Die Hymne der Fans wirkt wie ein Bekenntnis: „Wir sind Zebras Weiß und Blau – unser Klub der MSV.“

When the MSV plays, every seat in the Schauinsland-Reisen-Arena is filled; the arena offers space for 31,000 fans. Their hymn works as a commitment: “We are zebras, white and blue – our club the MSV.”

Quand le MSV joue, les gradins de l'immense stade pouvant accueillir 31 000 supporters se remplissent. L'hymne des supporters témoigne de leur fidélité : « Nous sommes des zèbres blancs et bleus, notre club est le MSV ».

Die Weltelite des Kanusports sieht die Bahn in Wedau als ihr „Wimbledon" an. Weltcups.

The world elite in the canoeing sport sees the lane in Wedau as its very own "Wimbledon". World cups.

L'élite mondiale du canoë-kayak voit son couloir de Wedau comme son « Wimbledon ».

Regelmäßig tragen die Ruderer auf der 2.000 Meter langen Bahn internationale Meisterschaften aus.

Regularly the rowers on the 2.000-metre-long lane take part in international championships.

Sur le couloir de 2 000 mètres de long, les rameurs disputent régulièrement des championnats internationaux.

Der Parallelkanal der Regattabahn gehört zu den beliebtesten Zielen von Spaziergängern, Hobbypaddler und Joggern.

The canal parallel to the regatta lane is one of the most popular destinations for strollers, hobby paddlers, and joggers.

Le canal parallèle au couloir de canoë-kayak est l'une des destinations préférées des promeneurs, rameurs et coureurs.

Die Sechs-Seen-Platte, ein ehemaliges Kiesrevier, ist ein Erholungsgebiet im Süden der Stadt und befindet sich in unmittelbarer Nähe zur Innenstadt.

The Six Lake District, a former gravel mining district, is a recreational region to the south of the city and in the immediate vicinity of the inner city.

Le plateau des six lacs est un lieu de détente au Sud de la ville tout près du centre-ville.

Es muss nicht immer Wassersport sein. Ein Klettergarten im Sportpark Duisburg erlaubt luftigen, wenn auch kraftraubenden Freizeitspaß.

It needn't always be water sports. The climbing garden in Sportpark Duisburg makes it possible to take your leisure up on high, even if this can be tiring.

Tout ne tourne pas autour de l'eau. Des filets suspendus au parc Sportpark Duisburg permettent de prendre de l'altitude, mais pas de se reposer.

Mit Netz, aber ohne doppelten Boden: 17 Parcours durchmessen Tree2Tree - also von Baum zu Baum - den Klettergarten im Sportpark. Wer sich durchs Netz auf die andere Uferseite gekämpft hat, kann mit der Seilbahn die „Rückreise" antreten.

With a net, but without a second floor: 17 courses pass through Tree2Tree, the climbing garden in the sports park. Once you have fought your way to the banks on the other side, you can take the "return trip" by cable car.

Une variante de ce qu'on appelle « monter au filet » : les 17 parcours suspendus du Sportpark vont d'arbre en arbre. Celui qui est parvenu à atteindre l'autre rive peut entamer le voyage retour par le câble.

Nicht nur Le Mans hat sein 24-Stunden-Rennen: Eine solche Tagestour setzt auch die Mountainbiker einmal im Jahr in den Sattel. Die Tag- und Nachtschicht im Landschaftspark ist ein Spektakel.

Not only Le Mans has its 24-hour race: A day race of the same kind has the mountain bikers saddle up once a year. The day and night shift in the landscape park is a spectacle.

Il n'y a pas qu'au Mans où l'on fait la course pendant 24 heures : la course de VTT qui a lieu une fois par an au parc Lanschaftspark et où alternent équipes de nuit et équipes de jour est un vrai spectacle.

ten kurze Wege zum Training auf der Joggingstrecke, im Kanu, Ruderboot oder aufs Wakeboard.

Sport und Kultur liegen nicht so weit auseinander. Nur wenige Kilometer vom Sportpark entfernt in der Innenstadt gibt Duisburg der Kultur Raum: Das Theater am Opernplatz bringt die Aufführungen der Deutschen Oper am Rhein auf die Bühne. In Zusammenarbeit mit Düsseldorf hat sich die Oper am Rhein mit ihrem buchstäblich ausgezeichneten Ballett in den vergangenen mehr als 50 Jahren zu einem der besten Häuser in Deutschland entwickelt. Die Duisburger Philharmoniker, ein A-Orchester, was so viel wie Bundesliga-Niveau aussagt, proben hier. Ihre Spielstätte ist das Theater am Marientor, das ursprünglich als Dauerspielstätte für das Musical „Les Miserables" entstand.

Doch die Damen und Herren gehen gern fremd; geben Open-Air-Konzerte oder treten als Filmmusiker zu den stummen Klassikern von Charlie Chaplin beim Sommerkino im Landschaftspark Nord auf. Vor einem Hochofen spannt sich dann für sechs Wochen die Leinwand. Mehr als 30.000 Cineasten sehen die Stars nicht nur unter Sternen, sondern auch in einer selbst filmreifen Kulisse. Dieses besondere Ambiente nutzt auch die Ruhr-Triennale als Spielstätte für außergewöhnliche Auftritte internationaler Künstler. Das Traumzeitfestival lässt hier Musik aus aller Welt anklingen. In einer 170 Meter langen Kraftzentrale, die einem Hüttenwerk die Energie lieferte, treten selbst die weitgereistesten Bands nicht alle Tage auf.

Doch zurück in die Innenstadt zu den drei Ruhr-Kunst-Museen. Das Wilhelm-Lehmbruck-Museum ist bereits seinem Namen nach der Bildhauerei verpflichtet und genießt einen international erstklassigen Ruf. Auch weil der Sohn des Bildhauers, Manfred Lehmbruck, eine Kunsthalle mit einer außergewöhnlichen Architektur schuf. Unweit davon entführt das private Museum DKM in eine besondere Welt. Die Sammler Klaus Maas und Dirk Krämer stellen die Kunstschätze aus, die sie auf ihren Reisen entdecken. Bis nach Asien führten sie ihre Sammlerwege zur

Seite 78-79: Das Theater Duisburg, Spielstätte der Deutschen Oper am Rhein, einer Kunstehe mit Düsseldorf. Seit über 100 Jahren bietet der „Musentempel" Sprech- und Musiktheater eine große Bühne.

Page 78-79: The Theater Duisburg, official venue of the Deutsche Oper am Rhein, an artistic partnership with Düsseldorf. For over a hundred years the "temple of the muses" provides a stage for plays and operas.

Page 78-79 : le théâtre de Duisbourg est, avec Düsseldorf, un lieu de représentation d'opéras allemands au bord du Rhin. Depuis plus de 100 ans, « le temple des muses » accueille divers spectacles tels que théâtre et concerts.

MIT ALLEN
SEINEN TIEFEN SEINEN HÖHEN
ROLL ICH DAS LEBEN AB VOR
WENN DU DAS GROSSE SPIEL DER WELT
SO KEHRST DU REICHER IN DICH

Plüschige Gemütlichkeit in rot: Das Theater am Marientor, einst für das Musical „Les Miserables" gebaut, ist inzwischen auch und gerade der Konzertsaal der Duisburger Philharmoniker, einem Orchester von Rang weit über die Landesgrenzen hinaus bekannt.

Cosy plush in red: The Theatre at Marientor, once built for the musical "Les Miserables", is at times the concert hall of the Duisburg Philharmonic, a highly-ranked orchestra that is known far beyond the region's borders.

Ambiance feutre rouge : édifié à l'origine pour accueillir le spectacle musical « Les Misérables », le théâtre près du Marientor est devenu entre-temps la salle de concert de l'orchestre philharmonique de Duisbourg, orchestre réputé bien au-delà des frontières du Land.

Die Duisburger Philharmoniker haben den Bogen raus…

The Duisburg philharmonic orchestra have mastered the bow…

Les musiciens sortent les archers…

Seite 81: … und gehen gern fremd: Zum Beispiel mit Konzerten vor dem Hochofen in der Gießhalle des Landschaftsparks Duisburg-Nord.

Page 81: … and they like to be "unfaithful": For example with concerts in front of the blast furnaces in the foundry hall of the landscape park Duisburg North..

Page 81 : … et vont aussi jouer ailleurs, par exemple dans la salle de fonderie devant le haut fourneau du parc Lanfschaftspark Duisburg-Nord.

Kunst und durch mehr als 3.000 Jahre Menschheits- und Kunstgeschichte ohnehin. Der Besuch entführt in eine Oase und macht – vielfach erprobt – schnell gute Laune.

Der Gegenwartskunst ist das Museum Küppersmühle am Innenhafen verpflichtet. Anselm Kiefer und Gerhard Richter sind in hohen lichten Räumen eines ehemaligen Speichergebäudes mit wichtigen Werken zu sehen. Korn wurde hier einst gelagert und zu Mehl für die Bäcker vermahlen. Doch der Mensch lebt nicht vom Brot allein. Jetzt gibt die Kunst, beginnend mit Werken aus den 1950er Jahren, der Seele Nahrung. Die Sammlerfamilie Grothe öffnet in der Küppersmühle ihre mächtige Schatztruhe. Was nicht zu verachten ist: Die außergewöhnliche

Architektur einer alten Kornkammer, die zur Schatzkammer wurde. Ähnlich dem Landschaftspark Nord interpretiert sich der Begriff Industriekultur als die Chance, mit einem außergewöhnlichen Rahmen ungewöhnliche Akzente zu setzen.

Ohne Frage, Natur hat die Stadt genug, ihre Lebensart aber ist von Menschen gemacht. Selbst ihre Freizeitstätten prägte die Welt der Arbeit. Stellen wir also die Frage erneut und anders: Was kann man denn hier erleben? Die Antwort: Weltmeisterschaften in einer ehemaligen Kiesgrube, Hochkultur in einer Kraftzentrale, Malerei in einem Getreidespeicher, Kino vor einem Hochofen und asiatische Kunst in einem ehemaligen Elektrogroßhandel. Klingt spannend? Ist es auch!

Seite 82: Ein Kunst-U-Boot hat vor dem Museum Küppersmühle im Innenhafen Anker geworfen. Die Montage von Andreas M. Kaufmann und Hans Ulrich Reck ist im Turm des acht Meter langen Tauchboots zu sehen. Gebaut wurde das Kunstschiff von der Meidericher Schiffswerft in Duisburg.

Page 82: An art submarine has dropped anchor in front of the Museum Küppersmühle in the inner harbour. This montage by Andreas M. Kaufmann and Hans Ulrich Reck can be viewed in the tower of the eight-metre-long dive boat. This "art ship" was built by the Meiderich shipyard in Duisburg.

Page 82 : un sous-marin dédié à l'art mouille dans le port intérieur devant le musée Küppersmühle. Le montage réalisé par Andreas M. Kaufmann et Hans Ulrich Reck peut être contemplé dans la tour du sous-marin de 8 mètres de long. Ce sous-marin a été construit par le chantier naval de Meiderich à Duisbourg.

CH KAN
IL ICH WI
S ICH MUS

Anselm Kiefer mit seinen großformatigen Werken ist nur einer der großen Künstler, deren Schaffen im Museum Küppersmühle zu sehen ist. Weitere wichtige Ausstellungsstücke stammen von Georg Baselitz, Rebecka Horn, Gerhard Richter und Markus Lüpertz.

Anselm Kiefer, with his over-sized works, is not only a great artist; his work can be seen in Museum Küppersmühle. Further important exhibits come from Georg Baselitz, Rebecka Horn, Gerhard Richter, and Markus Lüpertz.

L'artiste Anselm Kiefer, avec ses œuvres en grand format, fait partie des célèbres artistes dont on peut admirer le travail au musée Küppersmühle. Les autres pièces qui y sont exposées sont de Georg Baselitz, Rebecka Horn, Gerhard Richter et Markus Lüpertz.

Kunst als Bau: Bereits das Treppenhaus des Museums Küppersmühle am Innenhafen erscheint als ein künstlerisches Werk. Das Privatmuseum zeigt Schlüsselwerke der Sammlung Ströher. Sie umfasst rund 1.500 Werke von der Nachkriegszeit bis in die Gegenwart.

Art as construction: Even the staircase of the Museum Küppersmühle in the inner harbour appears as a work of art. This private museum shows key pieces from the Ströher collection. It includes about 1,500 works spanning the post-war period up to the present.

La construction érigée en art : l'escalier du musée Küppersmühle dans le port intérieur est déjà une œuvre d'art en soi. Ce musée privé expose des œuvres clés de la collection Ströher. Elle comprend environ 1 500 œuvres couvrant la période de l'après-guerre jusqu'à nos jours.

TAG UND NACHT

Ein Hüttenwerk – wie hier in Hüttenheim - kennt keine Feiertage, keine Ferien, keine (Raucher-) Pause für die Schlote: 24 Stunden am Tag läuft der Betrieb in drei Schichten.

A smelting plant – such as here in Hüttenheim – knows no bank holidays, no vacation, no (smoke) breaks for the smoke-stacks. Operations run 24 hours a day in three shifts.

Un haut-fourneau comme celui-ci à Hüttenheim ne connaît pas de répit. Nuit et jour, 24 heures sur 24.

Nicht nur New York, auch Duisburg ist eine Stadt, die niemals schläft. Eine Stahl- und Hafenstadt kennt keine Pausen, läuft quasi im Dreischichtbetrieb: Von 6 bis 14 Uhr, von 14 bis 22 Uhr und von 22 bis 6 Uhr. Immer.

Zu den besonderen Ereignissen gehört es, tief im ländlichen Süden des Nachts auf einem Feld zu stehen und zu warten. Alle sechs Stunden färbt sich der Himmel in das Orange der Morgenröte. Dann fließt die Schlacke aus den Hochöfen in einen glühenden See und macht die Nacht für einige Minuten zum beginnenden Tag.

Zu Weihnachten sagt man anderswo angesichts eines farbigen Sonnenuntergangs: Das Christkind backt Plätzchen. In Duisburg backt das Kind an 365 Tagen auf Vorrat für die ganze Welt. Im feuerfesten Anzug, mit Schutzhelm auf dem Kopf.

Ein weiteres Nachtlicht der Stadt scheint an den Spitzen der Industrie-Kathedralen im Landschaftspark Duisburg Nord. Der britische Künstler Jonathan Park montierte die leuchtenden Ringe in Rot, Blau und Grün. Inzwischen übrigens von energiesparenden LED-Leuchten ausgestrahlt. Die neonbunte Kunstinstallation ist zum Wegzeichen Richtung Heimat geworden. Und zu einem vielfach fotografierten Fotomotiv. Wer nur Rotlicht sehen will, muss dagegen in die Altstadt ins entsprechende Viertel. Und wer nur Grün mag, schaut auf den 200 Meter hohen Turm

der Stadtwerke, der ebenfalls in jeder Nacht als „Leuchtturm" heimwärts weist.

Doch zurück in den Landschaftspark Nord. Der Besuch des Parks lohnt sich doppelt. Bei Nacht – übrigens auch mit einer Fackelführung – und bei Tag. Dann lässt sich das Industriedenkmal ganz neu und anders erkunden: In einem Gasometer können Wasserfreunde nach einem eigens versenkten Schiff tauchen. Klettermaxe und Klettermaximas finden ihre Steilwand und Schluchten der Hüttenwerks-Profile. Der deutsche Alpenverein hat die Routen ausgewiesen.

Wer gleich die Nacht zum Tag machen will und dabei lieber Mascara statt Blaumann tragen will, ist gut beraten, zum Innenhafen mit seinen Kneipen, Bars, Restaurants und Discotheken zu schlendern. Der (Er-)Lebensort am Wasser ist auch einer der Plätze für die „Extraschicht". Kultur bis spät in den neuen Tag hinein und die Möglichkeit, seine eigene „Nacht im Museum" zu verbringen. Im Kultur- und Stadthistorischen Museum und im Museum Küppersmühle.

Doch es gibt auch Orte, die verlangen nach Tageslicht: Der Revierpark Mattlerbusch als grüne Oase im Norden gehört dazu oder die alte Abtei in Hamborn, der Botanische Garten, sowie ein Spaziergang über den Kaiserberg im Duissern.

Eine kleine Wanderung durch den benachbarten Stadtwald rückt heraus aus der Betriebsamkeit des Alltags. Orte des Verweilens in einer Stadt, die seit dem Beginn des Industriezeitalters nicht in den Schlaf findet. Und wenn Duisburg ausruht, dann singt das Summen der Motoren das Wiegenlied.

Parklicht mal anders. Der britische Künstler Jonathan Park schuf die weithin leuchtende Licht-Installation für den Landschaftspark Duisburg-Nord. Und überall auf den Schornstein-Spitzen sieht man die Lichter umweltfreundlich blitzen: dank LED-Technik.

A different kind of park lighting. The British artist Jonathan Park created the light installation that shines from afar in the Duisburg North landscape park. And everywhere on the chimney peaks you see the environmentally friendly lights shining: thanks to LED technology.

L'artiste britannique Jonathan Park est à l'origine de l'éclairage du Landschaftspark Duisburg-Nord. Grâce à la technologie LED, cet éclairage écologique et visible de loin illumine même les extrémités des cheminées.

Seite 86-87: Lichterspiele auf dem Rhein: Mal grün aus lauter Freude wie am Wasserturm rechts vorn oder auf dem Schornstein der Stadtwerke. Dann wieder der Sicherheit geschuldet bei den roten Leuchtstreifen um die Kamine oder den Beleuchtungen der Industrieanlagen.

Page 86-87: The play of lights on the Rhine: Sometimes green for joy such as in the water-tower at the front on the right or on the chimney of the public utility company. Then, for the sake of safety, red strips of light on chimneys or the lighting in the industrial complex.

Pages 86-87 : jeux de lumières sur le Rhin, alternant entre le vert du château d'eau devant à droite ou de la cheminée des services municipaux et le rouge d'autres cheminées encore ou des installations industrielles.

Der Innenhafen mit seiner typischen Speicherzeile: Der ideale Ort für Nachtschwärmer mit seinen Restaurants, Bars und Gaststätten.

The inner harbour with its typical row of warehouses: The ideal spot for night owls, with its restaurants, bars, and pubs.

Le port intérieur et ses façades de greniers caractéristiques : c'est l'endroit idéal pour les noctambules, avec ses bars, restaurants et brasseries.

Orte der Einkehr: Restaurants, Bars und Discotheken gibt es nicht nur am Innenhafen, sondern auch im Dellviertel.

Places to stop for a meal or a drink: Restaurants, bars, and discos exist not only in the inner harbour, but also in Dellviertel.

Lieux de convivialité : les restaurants, bars et discothèques ne se trouvent pas que dans le port intérieur, mais aussi dans le quartier Dell.

Nachts sind manche Brücken blau, wie diese im Innenhafen.

At night many of the bridges are blue, as are these in the inner harbour.

La nuit, une lumière bleue éclaire certains ponts, comme celui-ci près du port intérieur.

Das Angelrevier der Lebenskünstler. Am Ufer der vielen Seen werfen die Fischer ihre Rute aus, um einen prächtigen Fang zu machen. Und wenn keiner anbeißt? Auch kein Problem. Hauptsache, der Tag in der Natur war schön.

Fishing grounds for life artists. On the shores of the many lakes fishermen throw out their rods to make a splendid catch. And what if they don't get a bite? That's no problem either. The main thing is to have enjoyed a lovely day in nature.

Le rendez-vous des pêcheurs et des philosophes. Sur les rives des nombreux lacs, les pêcheurs espèrent faire une belle prise, mais ce n'est grave s'il faut rentrer bredouille, l'essentiel est d'avoir passé une belle journée dans la nature.

Den Tag (und die Sonne) genießen: Das Rheinufer lädt ein, ganz entspannt in den Strom der Zeit abzutauchen.

Enjoy the day (and the sun): The banks of the Rhine invite you to sink into the river of time, completely relaxed.

Profiter de la journée, profiter du soleil : les rives du Rhin invitent à la détente.

Das gelingt auch an einem der Seen im Sportpark Duisburg. Hier sind stille Wasser nur zwölf Meter tief.

That is also possible at one of the lakes in Sportpark Duisburg. Here the still waters are only twelve meters deep..

C'est aussi le cas au bord d'un des lacs du Sportpark Duisburg dont la profondeur ne dépasse pas douze mètres.

Von wegen graue Industriestadt: Grün ist eine gern und oft gesehene Farbe in der Stadt. Der Sportpark Duisburg ist eine grüne Lunge zum durchatmen, kaum mehr als fünf Kilometer von der Innenstadt entfernt.

A grey industrial city? Nothing of the sort! Green is a colour that is often seen – and very much liked – in the city. Sportpark Duisburg is a green lung for breathing deeply, barely more than five kilometres outside the inner city.

Une ville industrielle grise ? Que nenni : le vert est une couleur répandue et appréciée dans la ville. Le parc Sportpark Duisburg est un poumon vert à cinq kilomètres à peine du centre-ville.

Zwielicht im Stadtwald am Kaiserberg. Eine Oase in der Großstadt. Eine von vielen.

Half-light in the town forest on Kaiserberg. An oasis in the big city. One of many.

Jeu de lumières dans la forêt municipale Kaiserberg, l'un des nombreux havres de verdure que compte la ville.

Auch der Hafen kennt keine Pausen, die Freizeitkapitäne auf Rhein, Ruhr und den Kanälen durchaus, und zwar auf ihren Booten.

The harbour also knows no breaks; but the leisure time captains on the Rhine, Ruhr, and canals certainly do – on their boats.

Le port non plus ne fait jamais de pause, contrairement aux nombreux capitaines amateurs voguant sur le Rhin, la Ruhr et les canaux.

DISCOVERING DUISBURG. ...

Extraschicht am Innenhafen: Einmal im Jahr macht die Kultur im Revier die Nacht zum Tag. Der Innenhafen ist einer der Spielorte des sommerlichen Kulturfestes.

An extra shift in the inner harbour: Once a year a cultural event turns the night into day in the mining district. The inner harbour is one of the venues of the summer-time cultural festival.

Culture et port intérieur : une fois par an, c'est nuit blanche. Le port intérieur est l'un des endroits où a lieu cet événement culturel estival.

Duisburg is the city on the Rhine. And on the Ruhr. This city is on the river and on stream. This special location has characterized Duisburg, making it one of the most exciting cities in the country. At the Rhine kilometre marker 780 the gentle tranquility of the green Lower Rhine meets the rough, grey heart of the Ruhr district. Urban culture meets nature. In the west of Germany, in the heart of Europe.

And this is only one of the contrasts from which this river city gets its energy. Duisburg is an old town whose roots reach back to late antiquity. Duisburg is a young city whose features and landscape were shaped by industry. Its skyline with sky-high chimneys and the power of its factories fascinates visitors and inspires art.

In the furnaces of the biggest steel location in Europe the fires blaze all day and all night. There is even a landscape park dedicated to these cathedrals of industry. Duisburg North Park is a landmark of international ranking. In this area, if you have not climbed up on a furnace and looked down upon the area rooftops, you have not really been in Duisburg.

The water provided the power for the dawning of a new era. Europe's largest inland port lies at the confluence of Rhine and Ruhr. Everything which is part of our modern life is moved here, from ship to rail, or as a container saddled on a lorry. 365 days a year, 24 hours a day. This city does not know how to take a break.

And yet it can surprise you with the rural tranquility on its outskirts. In the north, a ferry crosses from shore to shore; meadows lie above mineral water reservoirs deep in the ground.

In the south, sheep graze on the Rhine dyke; smallholders mow their fields. In the west, the landscape spreads out the distance of the Lower Rhine. Near the city centre, the Rheinpark takes joy in the Rhine. The city's pulse beats more slowly here, despite a population of 485,000. Far more than 40 per cent of the area of Duisburg is reserved for nature.

The heart of this livable city beats powerfully in its centre. The city hall and the Salvator church stand on the castle square, where the emperors held court in the Middle Ages. Only a few steps away, the inland port offers a view of modern Duisburg. Historical warehouses in ensemble with modern architecture. Lifestyle and culture directly on the water, with restaurants and the museum Küppersmühle, a treasure vault of modern art, the children's museum Explorado, where knowledge is fun, and its own marina.

King Heinrich Square is still spread out in the middle of the city, inviting you to rest in its floating gardens, and offering a view of the theatre. Here the Duisburger Philharmonic play for the Deutsche Oper am Rhein; life rolls by with all its highs and lows, right before your eyes, as it says on the gable.

The city gives Art more room in the Wilhelm-Lehmbruck museum. The outstanding works of this famous sculptor, himself a child of the town, can be seen here. "Grace kneels in Duisburg", it is called and exerts a strong attraction: The museum gives an overview of sculptural art of the modern age. Best-known Duisburger remains, however, Gerhard Mercator. The mapmaker lived and worked close to the castle square from 1552 to 1594; he gave the world the word "atlas". Moreover: his inventions make it possible to this day that navigation equipment in cars, ships, or aeroplanes leads unerringly to a destination. No wonder that almost everything important in Duisburg is named after Gerhard Mercator.

A town that has a port and had a man who showed the way for great discoverers must be open-minded. People from 155 nations live in Duisburg. Many came here because they found work in the factories. Some, to study at the Duisburg-Essen university. And then there are the immigrants from the animal kingdom. In the Duisburg zoo, one of Germany's largest arks, koalas and dolphins, reindeer and tigers all feel at home. The town is, and was, a melting pot. The warmth and openness of people here are never put on, but a part of their nature. Hospitality is a shared characteristic.

With this openness they have invited the world into their city. For example to the international competitions in rowing and canoeing on the Regatta Course, or during the World Games 2005 for non-Olympic sports. Sportpark Duisburg is full of movement: with the Schauinsland-Reisen-Arena, the home of MSV Duisburg, a founding member of the national soccer league. With an ice sports stadium, a track and field athletics stadium, a swimming stadium, and many more. The town keeps fit here.

Duisburg lives its contrasts, celebrates its variety, wears green and grey, speaks more than one language. Let's face it. Nobody falls in love with this city at first sight. But if you look more closely, are happy to take a second look, you will want to stay here – or at least come back. To the port on the stream.

À la découverte de Duisbourg...

Ein Hauch von Amsterdam im Ruhrgebiet: Die Grachten nahe der Innenstadt. Modernes Wohnen mit Uferblick an den Hansegrachten.

A touch of Amsterdam in the Ruhr region: The canals near the inner city. Modern living with a view of the shore at Hansegracht canal.

Un air d'Amsterdam dans la région de la Ruhr : habitations modernes avec vue sur les canaux près du centre-ville.

Entre fleuve et rivière, à la fois sur le Rhin et sur la Ruhr, Duisbourg, avec sa position géographique privilégiée, apparaît comme l'une des villes les plus fascinantes d'Allemagne. Au kilomètre 780 de la rivière, le verdoyant Bas-Rhin, doux et tranquille, vient à la rencontre du bassin de la Ruhr, à la cordialité rêche et grise, dans un choc entre culture urbaine et nature en plein cœur de l'Europe.

Et ce n'est qu'un des contrastes qui donne à cette cité de l'ouest du pays toute son énergie. Ville historique avec des racines plongeant dans l'Antiquité, Duisbourg est aussi une agglomération jeune dont le visage a été modelé par la nature et l'industrie. Son paysage urbain, avec ses cheminées s'élançant vers le ciel et la puissance de ses usines, fascine le visiteur et inspire les artistes.

Dans les hauts-fourneaux de ce premier géant de l'acier européen, les feux flamboient nuit et jour. Dédié à ces temples de l'industrie, le Parc paysager de Duisburg-Nord, « Landschaftspark Nord », est une curiosité qui attire les visiteurs du monde entier. Qui n'a pas contemplé le paysage environnant du sommet d'un haut-fourneau ne peut pas se targuer d'avoir visité Duisbourg.

L'eau est la force conductrice qui ouvre la voie à l'ère contemporaine : au confluent du Rhin et de la Ruhr s'étend le plus gros port fluvial d'Europe. L'essentiel du monde moderne transite ici, basculant des soutes des bateaux dans les trains de marchandises ou les camions de transport, 365 jours par an, 24 heures sur 24. La ville ne connaît pas de pause.

Duisbourg crée aussi la surprise en offrant une vie rurale et paisible en périphérie. Si au Nord, où circule encore un bac reliant les deux rives, des prairies courent au-dessus de réservoirs d'eau minérale profondément enfouis, au Sud, les moutons paissent sur la digue du Rhin et les agriculteurs cultivent leurs champs. L'Ouest, quant à lui, étire ses paysages jusque dans la plaine du Bas-Rhin. Non loin du centre ville, le quartier Rheinpark offre des espaces de loisirs le long du fleuve où les quelque 485 000 habitants peuvent ralentir le tempo. Plus de 40 % de la superficie de Duisbourg sont dédiés aux espaces verts.

Le cœur de la cité bat à un rythme trépidant. Sur la « Burgplatz », là où les empereurs tenaient leur cour au Moyen Âge, se dressent l'hôtel de ville et l'église Salvator, à quelques pas du port fluvial. Près de la marina, entrepôts historiques et immeubles à l'architecture moderne se côtoient, partageant le plaisir d'une vie au bord de l'eau où gastronomie et vie culturelle font bon ménage. Si le musée Küppersmühle présente des joyaux de l'art moderne, Explorado, le musée pour les enfants, permet d'apprendre en s'amusant.

Au milieu de la ville, la longue place « König-Heinrich-Platz » invite à la détente sur ses multiples pelouses et offre une belle vue sur le théâtre. C'est ici que joue la philarmonique de Duisbourg pour la compagnie Deutsche Oper am Rhein et que se déroule la vie avec ses hauts et ses bas, comme l'indique l'inscription sur le fronton.

Le musée Wilhelm Lehmbruck fait la part belle à la sculpture, d'abord les œuvres magistrales de cet artiste renommé, enfant de la ville, comme « Die Anmut kniet in Duisburg » (La grâce s'agenouille à Duisbourg), au titre évocateur, mais aussi celles d'un certain nombre de sculpteurs contemporains. Le Duisbourgeois le plus célèbre reste cependant Gerhard Mercator, cartographe qui a vécu et travaillé près de la Burgplatz de 1552 à 1594, et a offert au monde le mot « atlas ». Ses découvertes restent d'actualité puisqu'elles permettent aujourd'hui encore aux dispositifs de navigation dans les voitures, les bateaux ou les avions de conduire leurs passagers à bon port. Il n'est donc pas étonnant que le visiteur rencontre son nom un peu partout au gré de ses déambulations.

À la fois port et patrie de l'homme qui a aidé les grands explorateurs à partir à l'aventure, Duisbourg ne peut qu'être ouverte au monde. Plus de 155 nationalités différentes y vivent en harmonie. Si un grand nombre des étrangers est venu pour travailler en usine, un plus petit nombre a choisi l'université Duisbourg-Essen pour y étudier. On compte aussi quelques expatriés de l'espèce animale. Au zoo de Duisbourg, l'un des plus grands d'Allemagne, koalas et dauphins se sentent chez eux, de même que rennes et tigres. Dans cet éternel creuset culturel, la cordialité et l'ouverture d'esprit des habitants ne sont jamais forcées, mais vraiment naturelles. L'hospitalité est un véritable trait de caractère.

Cette convivialité permet d'attirer le monde entier, notamment lors des compétitions d'aviron et de canoë de la Régate internationale de Duisburg ou pendant les World Games 2005, jeux mondiaux dédiés aux disciplines non olympiques. La vie sportive de Duisbourg est dynamique : avec le Schauinsland-Reisen-Arena, stade de football du MSV Duisbourg, un membre fondateur de la Bundesliga, mais aussi avec une patinoire, un stade d'athlétisme, un stade nautique, etc., la ville garde la forme.

Duisbourg vit ses différences, célèbre sa diversité, arbore le vert et le gris, et parle plusieurs langues. En toute honnêteté, personne ne tombe amoureux d'elle au premier coup d'œil. Mais si on lui accorde une seconde chance, voire un regard un peu plus curieux, le charme opère et on a envie de rester ou au moins de revenir... dans le port près du fleuve.

Friedhelm Krischer, Fotograf

Friedhelm Krischer, Jahrgang 1961, ist gebürtiger Duisburger. Er beendete seine Ausbildung zum Fotografen als Jahrgangsbester. Nach einem Exkurs in die Filmstadt Babelsberg als Produktionsleiter besann er sich auf sein hauptsächliches Interessengebiet: die Architektur-, Industrie-, und Businessfotografie.

Fest verwurzelt mit dem Ruhrgebiet arbeitet er deutschlandweit und international. Neben seiner Auftragsfotografie ist er auch immer wieder an freien Themen tätig. Krischer gilt als „das Auge des Ruhrgebiets“. Sein Leitmotiv ist der Strukturwandel. Aber nicht nur die lokale, sondern auch die globale Welt ist für Friedhelm Krischer ein Thema. Fotoreisen u.a. in die Metropolen Los Angeles und New York erweitern seinen Horizont.

Hermann Kewitz, Autor

Hermann Kewitz, Jahrgang 1962, lebt und arbeitet in Duisburg. Der Diplom-Journalist schreibt seit 1990 freiberuflich über Duisburg und aus seiner Heimatstadt. Er engagiert sich darüber hinaus als Vorsitzender der bürgerschaftlichen Vereinigung proDUISBURG e.V. von 1910 ehrenamtlich für seine Stadt. Beruflich ist er unter anderem als Pressesprecher der International World Games Association (IWGA) auf der weltweiten Bühne des Sports tätig. Hermann Kewitz schrieb bereits mehrere Bücher über seine Stadt, darunter eine Chronik zum 100-jährigen Bestehen des Theater Duisburg und in Zusammenarbeit mit Dagmar Dahmen und Bernd Bemmann die Geschichte des MSV Duisburg.